从零开始
学炒股

股票入门与实战

杨柳 张晨昱 姚妍聪 著

中国华侨出版社
北京

图书在版编目（CIP）数据

从零开始学炒股：股票入门与实战 / 杨柳，张晨昱，
姚妍聪著. -- 北京：中国华侨出版社，2021.12
ISBN 978-7-5113-8656-4

Ⅰ．①从… Ⅱ．①杨… ②张… ③姚… Ⅲ．①股票投
资－基本知识 Ⅳ．①F830.91

中国版本图书馆CIP数据核字(2021)第207991号

● **从零开始学炒股：股票入门与实战**

著　　者 / 杨　柳　张晨昱　姚妍聪

责任编辑 / 姜　婷

装帧设计 / 尧丽设计

经　　销 / 新华书店

开　　本 / 710毫米×1000毫米　　1/16　　印张 / 13　　字数 / 170千字

印　　刷 / 北京昊鼎佳印印刷科技有限公司

版　　次 / 2021年12月第1版　　　2021年12月第1次印刷

书　　号 / ISBN 978-7-5113-8656-4

定　　价 / 39.80元

中国华侨出版社　　北京市朝阳区西坝河东里77号楼底商5号　　邮　编：100028

编辑部：（010）64443056　　　传真：（010）64439708

发行部：（010）64443051

网　址：www.oveaschin.com

E-mail：oveaschin@sina.com

前　言

　　谈到股市，大多数人的第一印象就是赌博、套牢、一夜暴富、倾家荡产等，或者是满屏幕花花绿绿的数字和令人头疼的K线图，因此很多人对股市的印象并不好，把炒股当作不务正业。的确，炒股没那么简单，你只有比90%的人都刻苦，同时战胜自己的情绪，严格遵守纪律，才有可能在股市中赚钱。

　　既然如此，为什么又有这么多人愿意炒股呢?——"股市虐我千百遍，我待股市如初恋。"可以说，没有一个地方像股市这么充满魅力，因为这里对每个人（散户）来说都是平等的——无论你的学历如何，无论你在社会上的地位如何，无论你之前在什么领域取得过多大成就，来到股市，你就是学生，一个Freshman（新人），所有人的起点都是差不多的。这个市场是真正的人性修炼场，你人性中的任何缺点，在真金白银的压力下都会被无限放大，在市场中形成你的交易记录，然后用你每一笔交易的盈亏告诉你结果。

　　股市是一赚二平七亏的地方，并且这是一个定律；正如你所听到的那样，"想赚钱，三分靠技术，七分靠心态"，然而技术好学，心态却难练。

　　股市是公平的。当你的认知能够支撑起你的财富时，在这个市场里没有人能够轻易收割你；当你的技术、心态已经锤炼到登峰造极之时，利润不过是你做对交易后的赠品。你的注重点不再是赚了多少钱，能买多少东西，而是交易本身——我做这笔交易的理由是什么，把握有多大，买卖点是否遵循了我的交易系统，最终的结果有没有验证我的逻辑，这才是真正的交易者最大的乐趣所在。成功的交易者并不像人们所想象的那么风光，而是将简单枯燥的动作不断重复，不断试错、总结，并完善自己的交易系统，不断学习，不断更新自己对市场的认知。最顶尖的交易者都是孤独寂寞的，他们知道，投资是一辈子的事，不要因为短期快速增长的财富而沾沾自喜，也不要因为市场的不确定性带来的亏损而懊恼，永远保持对市场的敬畏和一颗求知的心。

　　随着注册制改革的推行，金融市场的开放，退市制度的不断完善，中国的资本市场正在迎来历史性机遇，对于全球资金的吸引力也越来越大，因此笔者是坚定看好A股市场的。然而，这不代表指数会迎来全面普涨的大牛市，不代表闭着眼睛买股票都能赚钱，因此对于还不了解股市的投资者来说，及时打好基础，提前了解这个市场是有必要的。在这个市场里，我们都是学生，只不过有的资历深一些、见识的东西多一些罢了。仅以此书记录笔者对这个市场的认识，希望能够对刚入市的股民朋友们有所帮助，帮助大家少走一些弯路。

目 录

/入门篇/

从零开始学炒股
股票入门与实战

/精华篇/

／入门篇／

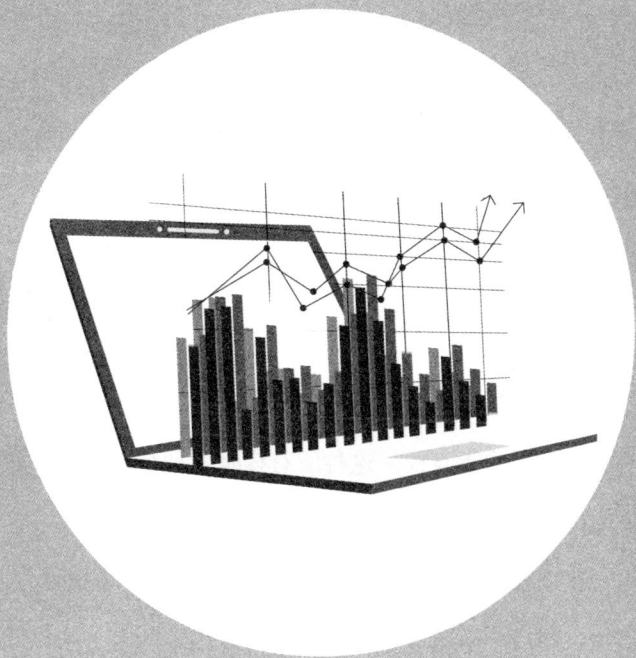

第一章

股市基础知识

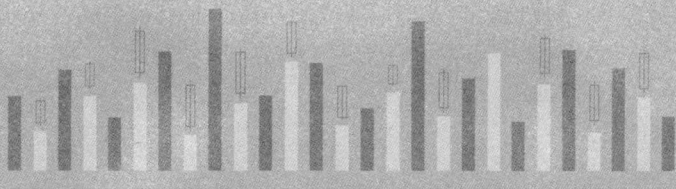

股票与股市

股票

1. 股票的定义

股票是股份公司筹集资本时向所有出资者发行的股份凭证，代表着其持有者（股东）对股份公司的所有权。这种所有权是一种综合权利，如参加股东大会、投票表决、参与公司的重大决策、收取股息或分享红利等。

在股票电子化以前，股民购买股票时可以得到一张印刷精致的纸质凭证；随着时代的进步，科技不断发展，股票交易形式也逐渐电子化，纸质的股票形式逐渐退出了股票交易的历史舞台。

股票作为一种有价证券，大多通过有偿转让的方式进行买卖。股东如果想要收回其投资，可通过股票转让的方式，但是不能要求公司返还其原始出资，因为股东与公司之间是所有与被所有的关系，不是偿还性质的债权债务关系。作为公司所有者的股东，在法律上要求其以出资额为限对公司负有限责任、承担风险、分享收益。同一类别的每一份股票代表的公司所有权是相等的。每个股东拥有的公司所有权份额的大小，取决于其持有的股票数量占公司总股本的比重。

2. 股票的特点

股票作为一种有价证券，主要具有以下几个特点。

（1）不返还性。股票一旦发售，持有者不能把股票退回公司，只能通过在二级证券市场上出售以收回本金。

（2）风险性。股票价格会受到宏观经济形势、政府政策、行业周期、公司自身经营状况、新闻舆论等因素的影响，因而股票是一种高风险的金融产品。

（3）流通性。股票是一种灵活有效的集资工具，可以在证券市场上通过自由买卖进行流通。

（4）收益性。股票的收益主要来源于买卖价差、股息和红利。一般情况下，短期投资者主要通过在一级市场上低买高卖赚取差价获利，长期投资者更在意公司的长远发展，因此除了关注股价能否长期增值外，他们同样关心公司的分红政策。

（5）参与权。《公司法》赋予股东通过一定的方式参与公司经营管理的权利。对于普通投资者来说，主要包括投票表决权、监督权、知情权等。

3. 股票的类别

（1）按照公司上市地点及所面向的投资者划分，主要有A股、B股、H股、N股、S股等。

A股，即人民币普通股票。它是指我国境内公司发行的，供境内机构、组织和个人以人民币认购和交易的普通股票。

B股，即人民币特种股票。它是以人民币标明面值，以外币认购和买卖，在境内（上海、深圳）证券交易所上市交易的股票。B股公司的注册地和上市地都在境内，只不过投资者在境外或在中国的香港、澳门及台湾地区。

H股，即注册地在内地、上市地在香港的外资股。香港的英文是Hong Kong，取其首字母，在香港上市的外资股就叫作H股。依此类推，在纽约和新加坡上市的股票就分别叫作N股和S股。

《上海证券交易所风险警示板股票交易管理办法》对上市公司股票风险有以下规定。

上市公司股票存在下列情形之一的，自被实施风险警示措施之日起，至该措施被撤销之日的前一交易日止，在风险警示板进行交易：

（一）被实施退市风险警示；

（二）因暂停上市后恢复上市被实施其他风险警示；

（三）因退市后重新上市被实施其他风险警示；

（四）因其他情形被实施其他风险警示。

出现前款第（一）项情形的，股票简称前冠以"★ST"标识，出现前款规定的其他情形的，股票简称前冠以"ST"标识。

（2）按照股票类型划分，主要有原始股、普通股、优先股、权重股、绩优股、垃圾股、蓝筹股、成长股等。

原始股是指公司上市之前发行，可在上市一段时期后售出的股票。原始股只属于公司的创始团队和公司高管，外人想要拥有原始股，只能通过增发等方式获得，而这种增发是私募性质的，一般只面对少量（不超过10个人）和公司有特殊关系的人群，如合作伙伴、供应商等。普通老百姓不可能拥有合法的原始股。

普通股是指在公司的经营管理和盈利及财产的分配上享有普通权利的股份，目前在上海和深圳证券交易所上市交易的股票都是普通股。

优先股是公司在筹集资金时，给予投资者某些优先权的股票，这种优先权主要表现在两个方面：①优先股有固定的股息，不随公司业绩好坏而波动，并可以先于普通股股东领取股息；②当公司破产进行财产清算时，优先股股东对公司剩余财产有先于普通股股东的要求权。优先股与普通股相比较，虽然收益和决策参与权有限，但是风险较小。目前在我国还不存在优先股的买卖，一般是由企业定向发售分配的，现在股票的买卖大多是普通股。

权重股就是总市值巨大的上市公司的股票。股票按市值大小又分为超大盘股、大盘股、小盘股等。因为股票指数是经过加权平均计算的，所以股票总市值越大，该股票在指数中的权重就越大，它的涨跌对股票指数的影响很大。典型的有中国石油、工商银行、中信证券等。一只小盘股涨停也许对指数只带来0.01点的影响，但如果工商银行涨停，指数能上涨数10点，因此权重股通常是"国家队"稳定指数的工具。假如银行板块大涨，带动指数大涨，而个股却普遍下跌，这也是很正常的现象，就是常说的"涨指数不涨个股"。

绩优股就是业绩优良公司的股票。一般而言，每股收益在所有上市公司中处于领先地位，公司上市后净资产收益率连续 3 年显著超过10%的股票当归于绩优股之列。

垃圾股是指业绩较差公司的股票。这类上市公司或者由于行业前景不好，或者由于自身经营不善等，有的甚至进入亏损行列。其股票在市场上的表现萎靡不振，交投不活跃，年终分红也差。

蓝筹股泛指那些在其所属行业内占有重要支配地位、业绩优良、成交活跃、红利优厚的大公司的股票。蓝筹股是绩优股中的佼佼者，适合中长线投资，稳健型投资者可参与此类。

成长股是处于飞速发展阶段的公司所发行的股票。一般来说，成长股具备以下特征：①公司处于新兴行业，如近几年的5G、人工智能、新能源汽车；②收入或利润的增长速度在近几年内显著高于传统行业；③企业目前的市值不算太高，但成长空间比较大；④企业为了快速扩张，大量投资新的项目或相关企业，导致企业的自由现金流不太好看；⑤由于不确定性或发展潜力巨大，让有冒险精神的投资者产生了巨大的想象空间，往往会赋予它较高的估值、较高的市盈率。

4. 股票的价值

股票的价值就是用货币的形式衡量股票作为获利手段的价值，包括以下几种。

（1）股票的发行价：指上市公司从公司自身利益及确保股票上市成功等角度出发，对上市的股票制定一个较为合理的价格来发行。

（2）股票面值：指股份公司在发行的股票票面上标明的票面金额，它以"元/股"为单位，其作用是标明每一张股票所包含的资本数额。

（3）股票市价：指股票在交易过程中交易双方达成的成交价，通常所指的股票价格就是市价。在股市中，股票的市价是股市行情最直观的反映。

（4）股票净值：又称为账面价值，也称为每股净资产，是用会计方法计算出的每股股票所包含的资产净值。股票净值是股票投资者评估和分析上市公司实力的重要依据之一，个人投资者要予以重视。

（5）股票清算价格：指股份公司破产或倒闭后进行清算时，每股股票所代表的实际价值。

5. 股票的作用

股票的作用主要体现在以下几个方面。

（1）对上市公司的作用。

①融资规模大，资金成本低。对于一家企业而言，融资需要付出相应的成本。常见的融资方式有债务性融资和权益性融资，前者包括银行贷款、发行债券和应付票据、应付账款等；后者主要指股票融资。债务性融资不会对企业的所有权产生影响，但会形成负债，企业要按期偿还约定的本息。相比于债务性融资，股权融资的融资规模更大，资金成本更低，且没有按期支付本息的压力。

②分散股权结构。公司上市后，企业的股权结构就不再是由几个或者几十个数得过来的股东把控了，而是分散到千千万万个大小不一的投资者手中。这样分散化的股权，能够有效地避免公司被特定股东单独支配的风险，从一定

程度上讲，股权的分散意味着经营的自由与合理化倾向。企业上市后，重大营业、管理决策均需要股东在年度会议上通过，因此上市后董事会要对股东负责，决策时会更优先考虑股东的偏好。从一定程度上讲，管理者对公司的控制力有所削弱。

③扩大公司的知名度。证券交易所要求上市公司定期公布企业年报，股票行情也是实时更新的，在一定程度上起到了广告的效果，因为所有投资者都能够在这个平台看到，对于有进步或者行情很好的企业，所有投资者都会关注，在一定程度上扩大了其知名度，让广大投资者认识和了解企业的状况。

④争取更多的股东。上市公司是十分在意市值管理的，毕竟股价下跌、公司市值一夜蒸发是管理层和股东们都不愿看到的，因此他们会尽量争取越来越多的股民和消费者。这除了对公司有一定的宣传作用外，也可以改善公共关系，实现所有者的多样化。

当然，并非所有的大公司都愿意将其股票在交易所挂牌上市。就像知名辣酱企业——贵阳南明老干妈风味食品有限责任公司坚决不上市，他们的经营状况足以满足交易所对上市企业的要求，但由于企业经营者偏好的原因，该公司一直没有上市。此外，公司上市后，就会面临资本市场的监管机制，定期公布其经营状况、财务数据等，这也导致一些企业不愿上市。

（2）对投资者的作用。

①挂牌上市为股票提供了一个连续性市场，有利于股票的流通。证券流通性越好，投资者就越愿意购买。不过，在交易所挂牌股票的流通性却不如场外市场上股票的流通性，这也是多数股票在场外流通的一个原因。

②上市股票的买卖，须经买卖双方的竞争。只有在买进与卖出报价一致时方能成交，所以证券交易所里的成交价格远比场外市场里的成交价格公平合理。

③股票交易所利用传播媒介，迅速宣布上市股票的成交行情。这样，投资者就能了解市价变动的趋势，作为投资决策的参考。

④证券交易所对经纪人收取的佣金有统一的标准（根据各个证券交易所的统一要求进行收费）。

股市

1. 股市的概念

股市就是股票市场的简称，是已经发行的股票转让、买卖和流通的场所。在现实中，有价证券除了股票之外，还有国家债券、公司债券、不动产抵押债券等。股票交易只是有价证券交易的一个组成部分，股票市场则是多种有价证券市场中的一种，股票市场也就是证券市场中专营股票的地方。

从经济学意义上讲，股票市场就是从事股票发行和交易活动的一个场所，这个场所可以是无形的，也可以是有形的；可以固定或者不固定。不管是一级市场还是二级市场，都是股票市场，一级市场称为股票发行市场，二级市场称为股票交易市场。其中，一级市场的工作基本是由券商完成的。

2. 股市的作用

股市，从狭义上来说是股票买卖双方进行股票交易的场所，从广义上来说是买股票和卖股票而产生交集的一群个人和团体。

发行股票对于企业而言是筹集资金的有效方式；企业通过发行股票可以分散投资风险，实现资本有效增值。股票市场不仅仅是资本市场的一个分会场，同时，企业上市还能够起到广告宣传的作用。

股票对于投资者而言，首先具有的就是投资性，其能够带来的收益和风险虽然都是具有波动性的，但是对于长期持有者来说，每年都有可能从中获得分红或股利等；对于短期投资者来说，也能够获得买卖价差。其次投资者能够在上市公司业绩增长、经营规模扩大时享有股本扩张收益。

股市的作用就是配置市场的资源流向。股票市场每天的表现都是资源配置的体现结果。同时，股市体现了股民的需求变化，我们会把市场表现作为风向标，因为市场就是资本最好的体现方式和载体。需求变化的根本来源于市场的供给情况：供小于求，市场需求变大，价格会上升；而供过于求的时候，需求变小，价格随之降低。股市的价格实时公开也会引导需求，作用于供给的变化。就像我们看到茅台价格上涨，会更想买茅台的股票，这是一种从众心理，但也确实是股市的一个作用，因为这在无形地操控股价变动。

3. 沪市与深市的区别

沪市与深市的主要区别见表1-1。

表1-1　沪市与深市的主要区别

区别	股票市场	
	沪市	深市
证券交易所的地点	上海	深圳
板块	主板与B股	主板、中小板、创业板和B股
股票代码	主板是"60"开头； B股是"900"开头	主板是"000"开头； 中小板是"002"开头； 创业板是"300"开头； B股是"200"开头
B股标价	以美元竞价	以港币竞价
交易制度不同	连续竞价	集合竞价
托管	指定交易，即在设立证券账户时要先选定一家证券公司作为委托对象	"自动托管，随处通买，哪买哪卖，转托不限"

4. 北京证券交易所

（1）北京证券交易所的成立。2021年9月2日，习近平总书记在中国国际服务贸易交易会全球服务贸易峰会上的致辞中宣布，"我们将继续支持中小企业创新发展，深化新三板改革，设立北京证券交易所，打造服务创新型中小企业主阵地"。2021年9月3日，北京证券交易所注册成立，这是经国务院批准设立的中国第一家公司制证券交易所，受中国证监会监督管理。经营范围为依法为证券集中交易提供场所和设施、组织和监督证券交易以及证券市场管理服务等业务。

（2）北京证券交易所的特点。

①市场结构角度：全国股转公司统筹新三板创新层、基础层和北京证券交易所的建设、发展，实行"一体管理、独立运营"。

②管理体制角度：北京证券交易所采取公司制，由全国股转公司出资设立。

③市场功能角度：北京证券交易所聚焦创新型中小企业，通过构建新三板基础层、创新层到北京证券交易所层层递进的市场结构，强化各市场板块之间的功能互补，不断扩大资本市场覆盖面，提高直接融资比重。

④制度安排角度：北京证券交易所着力构建契合中小企业特点的基础制度，坚持上市公司从符合条件的创新层企业中产生。

⑤市场运行角度：北京证券交易所坚持以合格投资者为主，投资者结构和风险偏好与创新型中小企业的风险特征相匹配。

（3）北京证券交易所的交易规则及上市规则。鉴于北京证券交易所成立时间较短，广大读者对其交易规则和上市规则都不够了解，所以本书特此进行整理，具体内容见表1-2和表1-3。

表1-2 北京证券交易所的交易规则

项目	具体内容
交易方式	竞价交易
	大宗交易
	盘后固定价格交易
	中国证监会批准的其他交易方式
交易时间	周一到周五
	每个交易日的9:15—9:25为开盘集合竞价时间，9:30—11:30、13:00—14:57为连续竞价时间，14:57—15:00为收盘集合竞价时间
竞价交易单笔申报数量	单笔申报应不低于100股，每笔申报可以1股为单位递增
	单笔申报最大数量不超过100万股
	卖出股票时余额不足100股的部分应当一次性申报卖出
竞价交易成交原则	价格优先、时间优先
涨跌幅限制比例	前收盘价的±30%
	上市首日不设涨跌幅限制
大宗交易	单笔申报数量不低于10万股或交易金额不低于100万元
交易公开信息（龙虎榜）	当日收盘价涨跌幅达到±20%的各前5只股票
	当日价格振幅达到30%的前5只股票
	当日换手率达到20%的前5只股票
异常波动	最近3个有成交的交易日以内收盘价涨跌幅偏离值累计达到±40%

资料来源：整理自北京证券交易所2021年11月2日发布的《北京证券交易所交易规则（试行）》，该规则自2021年11月15日起施行。

表1-3 北京证券交易所的上市规则

项目	具体内容
申请公开发行并上市的条件	在全国股转系统连续挂牌满12个月的创新层公司
	符合中国证监会规定的发行条件
	最近一年期末净资产不低于5000万元
	向不特定合格投资者公开发行的股份不少于100万股，发行对象不少于100人
	公开发行后，公司股本总额不少于3000万元
	公开发行后，公司股东人数不少于200人，公众股东持股比例不低于公司股本总额的25%；公司股本总额超过4亿元的，公众股东持股比例不低于公司股本总额的10%
市值及财务指标（至少符合一项）	预计市值不低于2亿元，最近两年净利润均不低于1500万元且加权平均净资产收益率平均不低于8%，或者最近一年净利润不低于2500万元且加权平均净资产收益率不低于8%
	预计市值不低于4亿元，最近两年营业收入平均不低于1亿元，且最近一年营业收入增长率不低于30%，最近一年经营活动产生的现金流量净额为正
	预计市值不低于8亿元，最近一年营业收入不低于2亿元，最近两年研发投入合计占最近两年营业收入合计比例不低于8%
	预计市值不低于15亿元，最近两年研发投入合计不低于5000万元
表决权差异安排	存在特别表决权股份的上市公司，应当规范履行持续信息披露义务，完善公司治理，保护投资者合法权益；上市前不具有表决权差异安排的公司，不得在上市后以任何方式设置此类安排
	特别表决权股东可以申请将特别表决权股份按照1:1的比例转换为普通股
	上市公司应当保证普通表决权比例不低于10%
	存在特别表决权股份的上市公司应当在年度报告、中期报告中披露表决权差异安排的运行情况、特别表决权股份的变动情况以及投资者保护措施的落实情况等

续表

项目	具体内容
股份变动管理	上市公司控股股东、实际控制人及其亲属，以及上市前直接持有10%以上股份的股东或虽未直接持有但可实际支配10%以上股份表决权的相关主体，自公开发行并上市之日起12个月内不得转让或委托他人代为管理
	上市公司董事、监事、高级管理人员持有的本公司股份，自上市之日起12个月内不得转让，在任职期间每年转让的股份不超过其所持本公司股份总数的25%，离职后6个月内不得转让
	上市公司董事、监事、高级管理人员应当按照北交所规定的时间、方式报备个人信息和持有本公司股份的情况，其所持有的规定期间不得转让的股份，应当按照北交所相关规定办理限售
	发行人高级管理人员、核心员工通过专项资产计划、员工持股计划等参与战略配售取得的股份，自公开发行并上市之日起12个月内不得转让或委托他人代为管理。其他投资者参与战略配售取得的股份，自公开发行并上市之日起6个月内不得转让或委托他人代为管理
	公司上市时未盈利的，在实现盈利前，控股股东、实际控制人、董事、监事、高级管理人员自公司股票上市之日起2个完整会计年度内，不得减持公开发行并上市前股份；公司实现盈利后，可以自当年年度报告披露后次日起减持公开发行并上市前股份，但应遵守相关规定
强制退市类型	和沪深交易所基本一致，有交易类强制退市、财务类强制退市、规范类强制退市和重大违法类强制退市等四类情形
财务类强制退市（出现情形之一即实施退市风险预警）	最近一个会计年度经审计的净利润为负值且营业收入低于5000万元，或追溯重述后最近一个会计年度净利润为负值且营业收入低于5000万元
	最近一个会计年度经审计的期末净资产为负值，或追溯重述后最近一个会计年度期末净资产为负值
	最近一个会计年度的财务会计报告被出具无法表示意见或否定意见的审计报告
	中国证监会及其派出机构行政处罚决定书表明公司已披露的最近一个会计年度经审计的年度报告存在虚假记载、误导性陈述或者重大遗漏，导致该年度相关财务指标实际已触及第一、二项情形的
	北交所认定的其他情形。

续表

项目	具体内容
交易类强制退市（出现情形之一即终止其股票上市）	连续60个交易日每日收盘价均低于每股面值
	连续60个交易日股东人数均少于200人
	按照北交所股票上市规则(试行)第2.1.3条第一款第四项规定上市的公司，连续60个交易日股票交易市值均低于3亿元
	北交所认定的其他情形
规范类强制退市（出现情形之一即实施退市风险警示）	未在法定期限内披露年度报告或者中期报告，且在公司股票停牌2个月内仍未披露
	半数以上董事无法保证公司所披露年度报告或中期报告的真实性、准确性和完整性，且未在法定期限内改正，此后股票停牌2个月内仍未改正
	财务会计报告存在重大会计差错或者虚假记载，被中国证监会及其派出机构责令改正，但公司未在要求期限内改正，且在公司股票停牌2个月内仍未改正
	信息披露或者规范运作等方面存在重大缺陷，被北交所限期改正但公司未在规定期限内改正，且公司在股票停牌2个月内仍未改正
	公司股本总额或公众股东持股比例发生变化，导致连续60个交易日不再具备上市条件，且公司在股票停牌1个月内仍未解决
	公司可能被依法强制解散
	法院依法受理公司重整、和解或破产清算申请
	北交所认定的其他情形
重大违法类强制退市	涉及国家安全、公共安全、生态安全、生产安全和公众健康安全等领域的重大违法行为被追究法律责任，导致上市公司或其主要子公司依法被吊销营业执照、责令关闭或者被撤销，依法被吊销主营业务生产经营许可证，或存在丧失继续生产经营法律资格的其他情形
	上市公司公开发行并上市，申请或者披露文件存在虚假记载、误导性陈述或重大遗漏，被中国证监会及其派出机构依据《证券法》第一百八十一条作出行政处罚决定，或者被人民法院依据《刑法》第一百六十条作出有罪生效判决

续表

项目	具体内容
	上市公司发行股份购买资产并构成重组上市，申请或者披露文件存在虚假记载、误导性陈述或者重大遗漏，被中国证监会及其派出机构依据《证券法》第一百八十一条作出行政处罚决定，或者被人民法院依据《刑法》第一百六十条作出有罪生效判决
	上市公司披露的年度报告存在虚假记载、误导性陈述或者重大遗漏，根据中国证监会及其派出机构行政处罚决定认定的事实，导致连续会计年度财务类指标已实际触及上市规则（试行）第十章第三节规定的退市标准
	北交所认定的其他情形

资料来源：整理自北京证券交易所于2021年10月30日发布的《北京证券交易所股票上市规则（试行）》，该规则自 2021 年 11 月 15 日起施行。

常见的股市名词与术语

股市术语是指股市中表达各种量能关系的特殊语言，广泛流通于对股票交易的市场分析中。关于股市术语的分类，按人们对术语的了解程度可分为基础术语、进阶术语和高级术语，按术语本身的类型可分为交易术语、行情术语、技术术语、财务术语、基金术语等。本小节将详细介绍一些常见股市名词和术语。

1. 基本面、政策面、市场面和技术面

（1）基本面：包括两个层次，分别是宏观经济运行态势和上市公司基本情况。其中，宏观经济运行态势反映了上市公司的整体经营业绩，也为上市公司更好地发展确定了背景，因此宏观经济的运行态势与上市公司及其股价有密切的关系。当宏观经济运行处于通货膨胀时，政府出于稳定经济的需要，往往会提高利率，提高投资成本，遏制过度的投资需求，利率的提高使当期的消费成本提高，人们会减少当期消费，增加储蓄，市场需求减少；宏观经济处于通货紧缩时，政府可以降低利率，刺激社会需求，政府还可以增加财政支出，刺激社会需求，政府的支出可以是基本建设投资支出，也可以是针对个人的转移支付。此外，还有税收、货币供应量等金融与财政手段。上市公司的基本面包括财务状况、盈利状况、市场占有率、经营管理体制、人才构成等方面。

（2）政策面：指国家针对证券市场的各项相关政策，包括三个方面：宏观导向，如政府的经济方针、长远发展战略；经济政策，如财政政策、税收政策、货币政策、产业政策；证券市场相关政策法规，如涨跌停板、投资基金管理办法。

（3）市场面：主要指市场供求状况、市场品种结构以及投资者结构等因素。市场面的情况关系到上市公司的经营业绩好坏。

（4）技术面：指反映股价变化的技术指标、走势形态以及K线组合等。技术分析有三个前提假设：①市场行为包容一切信息；②价格变化有一定的趋势或规律；③历史会重演。由于认为市场行为包括所有信息，那么对于宏观面、政策面等因素都可以忽略，而认为价格变化具有规律和历史会重演，就使以历史交易数据判断未来趋势变得简单了，这也许就是证券市场上的"古为今用"了。

2. 开盘价和收盘价

（1）开盘价：某种证券在证券交易所每个营业日的9：25集合竞价开出来的价格就是开盘价。如果开市后一段时间内（上海证券交易所规定为半小时），某种证券没有买卖或没有成交，则取前一交易日的收盘价作为当日证券的开盘价。如果某证券连续数日未成交，则由证券交易所的场内中介经纪人根据客户对该证券买卖委托的价格走势提出指导价，促使成交后作为该证券的开盘价。在无形化交易市场中，如果某种证券连续数日未成交，则以前一日的收盘价作为它的开盘价。首日上市买卖的证券经上市前一日柜台转让平均价或平均发售价作为开盘价。

（2）收盘价：某种证券在证券交易所一天交易活动结束前最后一笔交易的成交价格就是收盘价。如当日没有成交，则采用最近一次的成交价格作为收盘价。深市的收盘价通过集合竞价的方式产生。收盘集合竞价不能产生收盘价的，以当日该证券最后一笔交易前一分钟所有交易的成交量加权平均价（含最后一笔交易）为收盘价。当日无成交的，以前一日收盘价为当日收盘价。

3. 牛市和熊市

（1）牛市：也称多头市场，指证券市场行情普遍看涨，延续时间较长的大升市。在牛市中，股票的趋势是向上的，表现为大涨小跌。在牛市，买股票的人会比卖股票的人多，市场的活跃程度也在一步步加强，开证券账户的人会越来越多，增量资金源源不断进入股市，在牛市中任何调整都是"上车"机会，尽量不要频繁地交易，要持股待涨。

（2）熊市：也称空头市场，此时市场整体行情是下跌的，股价表现为大跌小涨。熊市中的任何反弹都是出局机会，此时市场投资者小心翼翼，情绪极脆弱，稍有风吹草动便会导致投资者抛售，股价跳水。市场成交量萎缩，交投冷清，观望情绪浓。投资者需要做的是保存实力，休养生息，静静等待时机。

4. 利多和利空

（1）利多：也叫"利好"，指可能刺激股价上涨的信息，包括股票上市公司经营业绩好转、银行利率降低、社会资金充足、银行信贷资金放宽等。

（2）利空：指可能导致股价下跌的信息，主要包括股票上市公司经营业绩恶化、银行紧缩、银行利率调高、经济衰退、通货膨胀、天灾人祸等。

5. 卖空和买空

（1）卖空：证券市场上的证券投机者利用证券价格飞涨的时机，先借入大批证券在市场上高价售出，待将来证券价格下跌以后，再低价买回证券，归还所借证券，进而从中获利的一种证券投机交易。我国法律明确禁止卖空行为。卖空具有以下特征：①卖出的股票和债券并非出售人所有，而是其从证券公司借入的；②交易程序独特——一般的交易程序是先买后卖，而卖空交易的交易程序是先卖后买；③整个交易过程由卖出和买入两次交易构成。卖空交易是随着股份经济和证券市场的发展而产生的，在西方证券市场上仍很普遍。

（2）买空：亦称"多头交易"，是卖空的对称面，交易者利用借入资金在市场上买入期货，以期将来价格上涨时再高价抛出从中获利的投机活动。我国法律明确禁止买空行为。在现代证券市场上，买卖交易一般是利用保证金账户进行的。当交易者认为某股票的价格有上升趋势时，他就通过保证金账户从证券公司借入资金购买股票期货。之后，当股票价格上涨到一定程度时，他又以高价向市场抛出，取得票款。

6. 除息和除权

（1）除息：指在上市公司向股东派发现金股利之后，股东权益减少，每股代表的实际价格减少的过程。

除息价=股息登记日的收盘价－每股所分红利现金额

（2）除权：由于公司股本增加，每股股票所代表的企业实际价值（每股净资产）有所减少，需要在发生该事实之后从股票市场价格中剔除这部分因素，从而形成剔除行为。

7. 仓位、建仓、平仓和斩仓

（1）仓位：指投资人实际投资和实有投资资金的比例。例如，你有10万元用于投资，如果没有买入基金或股票，就是空仓；现用了4万元买基金或股票，你的仓位是40%；如你全买了基金或股票，就满仓了。如果你全部卖出基金或股票，你就空仓了。根据市场的变化来控制自己的仓位，是炒股非常重要的一项能力，如果不会控制仓位，就像打仗没有后备部队一样，会很被动。

（2）建仓：也叫开仓，是指交易者新买入或新卖出一定数量的股票。简言之，就是买入股票。建仓是个形象的说法，一般指某个个体看好某只股票的前景，有计划地、持续性地买入一定量的该股票，稳定持有等待其股价上涨，建仓期就是完成整个买入计划的时间。

（3）平仓：指在股票交易中，多头将所买进的股票卖出，或空头买回所卖出股票行为的统称。简言之，就是买进股票后，股价上涨有盈利后卖出股票并有了成交结果的行为。

（4）斩仓：指当客户在股票期货市场交易出现所交押金不足时，股市经纪人将其期货股票随行就市处理的行为。在股票期货交易市场上，买空交易一般是通过交纳保证金进行的。交纳保证金既可用现金，也可以用股票。当股票价格涨跌致使保证金降到最低维持额以下时，即向委托人发出保证金催款书要求委托人追加保证金即平仓。当客户向交纳保证金的证券公司借入资金来购买某种股票期货时，买入的股票客户不能拿走。一旦客户交纳的保证金不足时，又没有流动资金可以及时补足所借资金，出现不及时的平仓，这时股市经纪人为了不使自己的利益受损失，他们会采取将客户的期货股票随着现行市场价格抛出来补足其未交的保证金的补仓割肉行为。

8. 套牢和解套

（1）套牢：指进行股票交易时所遭遇的交易风险。例如，投资者预计股价上涨，但在买进后股价却一直呈下跌趋势，这种现象称为多头套牢。投资者预计股价将下跌，将所有股票放空卖出，但股价一直上涨，这种套牢现象称为空头套牢。简言之，"套牢"是说投资者所买入证券的价格与其预期及实际操作的方向相反，从而导致账户浮亏，致使资金在解套之前的较长时间内被占用。

（2）解套：指当发生套牢时通过各种策略，使股票回归成本或有盈利。解套的方法有主动性的和被动性的：主动性解套策略主要包括斩仓、换股、盘中"T+0"等；被动性解套就是指把被套的股票放在一边，死扛着等股价涨回来。

9. 停板、涨停板和跌停板

（1）停板：指为了防止股票市场的价格发生暴涨暴跌而影响市场正常运行，股票市场管理机构对每日股票买卖价格涨跌的上下限作出规定，即每天市场价格达到了上限或下限时，不允许再有涨跌，术语称之为停板。

（2）涨停板：证券市场中交易当天股价的最高限度称为涨停板，涨停板时的股价叫涨停板价。

（3）跌停板：证券市场中交易当天股价的最低限度称为跌停板，跌停板时的股价叫跌停板价。到达跌停板价之后，当日价格停止下降，而非停止交易。

股市不同板块的涨跌幅限制见表1-4。

表1-4　涨跌幅比较

板块	ST/*ST 股	普通股票	新股
主板、中小板	±5%	±10%	首日涨幅≤44%，跌幅≤36%；之后 ±10%

续表

板块	ST/*ST 股	普通股票	新股
创业板	±20%		上市前5个交易日不设涨
科创板	±20%		跌幅限制，之后±20%

10. 多头与空头、多头陷阱与空头陷阱

（1）多头：指投资者对股市看好，预计股价将会看涨，于是趁低价时买进股票，待股票上涨至某一价位时再卖出，以获取差额收益。

（2）空头：指投资者和股票商认为现时股价虽然较高，但对股市前景看坏，预计股价将会下跌，于是把借来的股票及时卖出，待股价跌至某一价位时再买进，以获取差额收益。采用这种先卖出后买进、从中赚取差价的交易方式称为空头。

（3）多头陷阱：为多头设置的陷阱，通常发生在指数或股价屡创新高，并迅速突破原来的指数区且达到新高点，随后迅速滑落跌破以前的支撑位，结果使在高位买进的投资者严重被套。实际上就是庄家利用资金、消息或其他手段操纵图表的技术形态，使其显现出多头排列的信号，诱使散户买入，因此，多头陷阱往往发生在行情盘整形成头部时，成交量已开始萎缩，但多数投资者对后势尚未死心，不愿杀跌出场。

（4）空头陷阱：指市场主流资金大力做空，通过盘面中显现出明显疲弱的形态，诱使投资者恐慌性抛售股票。空头陷阱通常出现在指数或股价从高位区以高成交量跌至一个新的低点区，并造成向下突破的假象，使恐慌抛盘涌出后迅速回升至原先的密集成交区，并向上突破原压力线，使在低点卖出者踏空。

11. 杀猪盘

杀猪盘就是庄家及其同伙在各种论坛、社交平台及软件里诱骗投资者接盘其坐庄的股票，待其出完货后引导股价连续跌停，套牢所有接盘者。这种股票一般是庄股。当然，杀猪盘不限于股票，其套路多种多样，有借股票之名带你开户去做贵金属期货的，有让你转账到其自有平台帮你购买"原始股"的，有变相骗你买软件、指标的，通常会让你先尝到些甜头。投资者需要树立防骗意识，时刻牢记你自己绝没有可能是那个天选之子，天上没有馅饼往下掉。

12. 庄股

庄股是指股价涨跌或成交量完全被庄家控制的股票，需要指出的是，几乎任何股票都有主力入驻，但任一股力量都无法单独控制个股的走势，更多的是市场合力，而庄股则是庄家一家独大，涨跌与否、涨多少跌多少都是庄家说了算。其选择坐庄的股票一般不会有别的资金看得上，只有缺乏常识上当受骗的散户接盘。很多散户喜欢学习跟庄技巧，打听庄家意图，无非是因为庄股在出货之前一般会大幅拉升。不过，投资者要想清楚一点：既然是庄股，涨跌全凭的是庄家的心情，一旦发现跟风的散户多了可以直接放弃坐庄或者凶狠打压，你无法预测哪一天会崩盘，而且庄股一旦出完货崩盘了是出不来的，因此建议散户珍惜本金，远离庄股。图1-1就是庄股仁东控股崩盘后的走势。

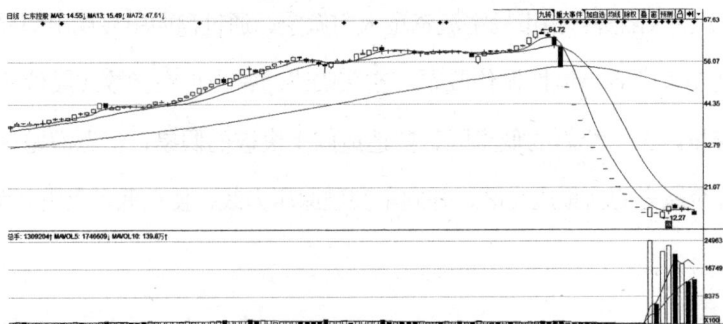

图1-1 仁东控股崩盘后的股价走势

13. 左侧交易、右侧交易

（1）左侧交易：在股价还处于下跌趋势但我们认为股价已经跌到低估区间内的时候逐步买入。左侧交易一般不管趋势什么时候结束，筑底多久才会上涨，其优点是如果股价之后上涨，抄底成功的投资者成本可能会比追涨要低；其缺点是确定性没那么高，还有时间成本。不过，对于资金量巨大的投资人或机构来说，左侧交易是合适的，坐拥千万元、亿万元级别的资金，自然不可能像散户一样等起涨时再买入，否则一笔大买单就会把股价推升得太高。

（2）右侧交易：等股价走势已经反转，或者已经突破后买入，其优势是买入之后的确定性更高，但相比左侧交易，其买入成本可能会偏高。

14. 冲天炮、核按钮

（1）冲天炮：指挂涨停价、满仓买入一只股票，可能是在竞价阶段，也可能是在盘中。冲天炮的目的是保证能买到股票。

（2）核按钮：与冲天炮相反，即挂跌停价，一键清仓所持有的股票，其目的是保证能逃出去，一般是极度不看好手上的股票才会这么操作。

15. 打板、开板、炸板和烂板

（1）打板：既可以说股票打板，也可以说某人打板，用在股票上如果说某股票打板了，意思就是这只股票涨停了，用在人身上则指其在涨停价买入了股票。

（2）开板：指一只股票原先是涨停状态，后来在涨停价的买单全被砸掉之后变为不是涨停的状态了。

（3）炸板与开板意思相近，区别是炸板一般没那么温和，可能炸板之后股价瞬间从涨停砸到很低。烂板则是指在涨停价位的买单很少，导致股价一会儿涨停，一会儿又开板，长时间不能封板的现象。

A股的交易规则

下面为大家简要介绍一下A股的一些交易规则。

1. 交易时间

交易日为每周一至周五。国家法定假日和证券交易所公告的休市日休市。

采用竞价交易方式的，除另有规定外，每个交易日的9:15至9:25为开盘集合竞价时间，9:30至11:30、13:00至14:57为连续竞价时间，14:57至15:00为收盘集合竞价时间。开市期间停牌并复牌的证券除外。交易时间内因故停市，交易时间不作顺延。

2. 指定交易

投资者应当与指定交易的会员签订指定交易协议，明确双方的权利、义务和责任。指定交易协议一经签订，会员即可根据投资者的申请向证券交易所交易主机申报办理指定交易手续。

在开市期间接受指定交易申报指令，该指令被交易主机接收后即刻生效。投资者变更指定交易的，应当向已指定的会员提出撤销申请，由该会员申报撤销指令。对于符合撤销指定条件的，会员不得限制、阻挠或拖延其办理撤销指定手续。指定交易撤销后即可重新申办指定交易。

3. 委托

投资者买卖证券，应当开立证券账户和资金账户，并与会员签订证券交易委托协议。协议生效后，投资者即成为该会员经纪业务的客户。

客户可以通过书面或电话、自助终端、互联网等自助委托方式委托会员买卖证券。电话、自助终端、互联网等自助委托应当按相关规定操作。客户通过自助委托方式参与证券买卖的，会员应当与其签订自助委托协议。

客户可以采用限价委托或市价委托的方式委托会员买卖证券。限价委托是指客户委托会员按其限定的价格买卖证券，会员必须按限定的价格或低于限定的价格申报买入证券，按限定的价格或高于限定的价格申报卖出证券；市价委托是指客户委托会员按市场价格买卖证券。

客户可以撤销委托的未成交部分。被撤销和失效的委托，会员应当在确认后及时向客户返还相应的资金或证券。

4. 申报

交易所接受交易参与人竞价交易申报的时间为每个交易日的9:15至9:25、9:30至11:30、13:00至15:00。每个交易日9:20至9:25的开盘集合竞价阶段、14:57至15:00的收盘集合竞价阶段，交易所交易主机不接受撤单申报；其他接受交易申报的时间内，未成交申报可以撤销。撤销指令经证券交易所交易主机确认后方为有效。

5. 竞价

证券竞价交易采用集合竞价和连续竞价两种方式。集合竞价是指在规定时间内接受的买卖申报一次性集中撮合的竞价方式，连续竞价是指对买卖申报逐笔连续撮合的竞价方式。当前竞价交易阶段未成交的买卖申报，自动进入当日后续竞价交易阶段。

6. 成交

证券竞价交易按价格优先、时间优先的原则撮合成交。

成交时价格优先的原则为：较高价格买入申报优先于较低价格买入申报，较低价格卖出申报优先于较高价格卖出申报。

成交时时间优先的原则为：买卖方向、价格相同的，先申报者优先于后申报者。先后顺序按交易主机接受申报的时间确定。

7. 开盘价与收盘价

证券的开盘价为当日该证券的第一笔成交价格。证券的开盘价通过集合竞价方式产生，不能产生开盘价的，以连续竞价方式产生。

证券的收盘价通过集合竞价的方式产生；收盘集合竞价不能产生收盘价或未进行收盘集合竞价的，以当日该证券最后一笔交易前一分钟所有交易的成交量加权平均价（含最后一笔交易）为收盘价；当日无成交的，以前收盘价为当日收盘价。

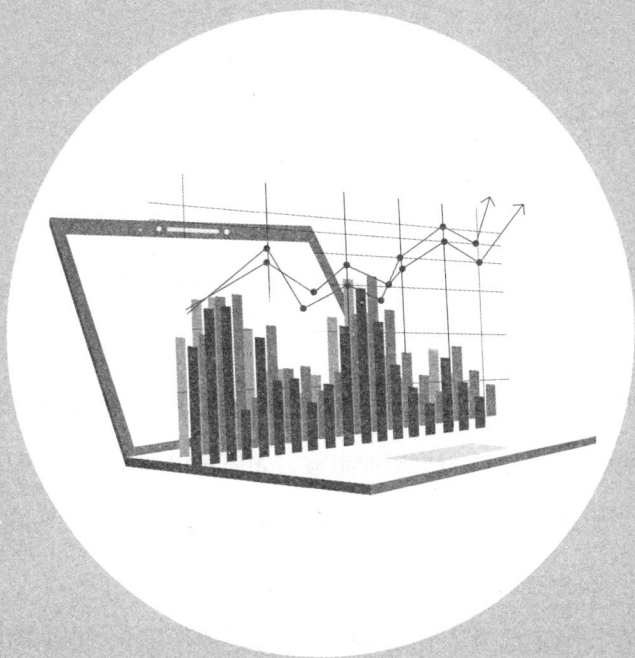

第二章

"炒股"——一种严谨的挣钱方式

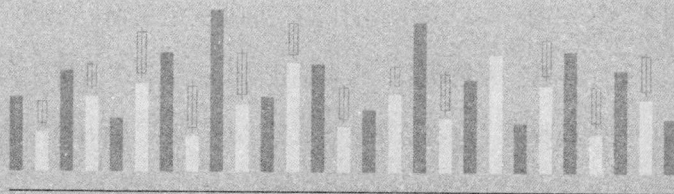

ⅰ 什么是炒股

炒股的"炒"字，就是炒作的意思。看到"炒作"二字，很多读者不淡定了，既然是炒作，就说明股价会被炒得严重高估，一旦泡沫破裂可是要一地鸡毛的。然而你不得不承认，有市场的地方就有炒作。马克思引用他人的话，资本如果有50%的利润，它就会铤而走险，如果有100%的利润，它就敢践踏人间一切法律，如果有300%的利润，它就敢犯下任何罪行，甚至冒着被绞死的危险。

无论是在我国还是国外相对成熟的市场，都存在不同程度的炒作：美股"人造肉"第一股"Beyond Meat"，上市之初便遭到众多机构的看空，然而股价3个月内从45美元涨到200多美元；特斯拉同样因为超级工厂落户上海，股价半年内从200多美元涨到900多美元[①]。也正是因为有了炒作，才为投资者在股票市场获利创造了可能。试想，如果市场是完全有效的，所有投资人都是理性的，股价应该迅速地回归合理价值，也就没有什么套利空间了。因此，面对市场的炒作现象，作为普通的小散户，唯一能做的就是尊重市场并跟随其后。

再来看看这个"炒"字，不能不佩服我们祖先的智慧。"炒"字不就是"火"加上"少"字吗？火是什么，市场的资金和人气；少又是什么，市场上人气最高的少数几只股票。也就是说，炒股的"炒"字已经明明白白地揭示出了股市的本质：市场上所有的资金和人气汇聚到少数明星股上。

---

① 此处为除权价。本书中除了此处，其余处股价均为向前复权后的价格。

市场上各路的资金各自为战，有的涌入其看好的板块，有的撤离其不再看好的板块，这就造成了市场上有的板块在走上涨趋势，而有的板块在下跌，还有的板块没有资金关注，仍处在震荡阶段。渐渐地，大家发现，只有买那个上涨趋势中的板块才能赚钱，于是越来越多的资金开始追捧那个板块。先进来的资金见这架势吓了一跳：本来我准备做长线的，一下子股价被顶这么高，先抛点儿给你们吧，那边下跌的板块好像逐渐跌出了性价比，我去抄底。于是就出现了上涨趋势中的回调和下跌趋势中的反弹。只要资金看好或不看好的理由没有发生大的改变，资金就会一直"买买买"或"卖卖卖"，因此，上涨趋势中的板块只要一下跌就会被资金买上去，渐渐地，赚钱效应越来越火爆，更多的资金涌入，最后达到了股价与人气的顶峰，周而复始。

一个板块的上涨往往需要一只龙头股的带领，它类似于打仗时统率三军的大将，是队伍的核心灵魂。如果战争胜利了，最大的功劳归于指挥战争的大将；如果战争打败了，首当其冲的也是冲在最前面的先锋。因此，一个板块里的龙头股，在上涨时涨得最多，下跌时却往往跌得最少，或最晚才开始跌；而冲锋陷阵的先锋股，在战争胜利时，它的表现甚至盖过了总指挥，一旦战场风云突变，情势急转直下，它往往是第一个替大将军挡刀的。

那么，如何找出一个板块里统率三军的人物呢？其实根本不用我们花心思去找，它已经锋芒毕露。大家在买股票时，先能看到的就是股票代码、名称和K线。靓丽的外表、好记的名字会更容易让你在别人的脑海中留下印象。同样，股票的名称越霸气，诸如"东方××""宝鼎××""××长城"，代码越吉利，诸如"×××168""×××418"，K线形态越漂亮，那么，这样的股票越容易吸引人气。

爱一个人我们说"始于颜值"，爱一只股票又何尝不是从"颜值"爱起呢？如果一只股票的表现平淡无奇，甚至你连自选股都没加，又怎么会想到买它呢？因此，龙头股不是被人挖掘出来的，而是自己走出来的，它就是那么嚣张地站在所有人面前，丝毫不会刻意掩饰。于是，场外的资金迅速发现它，热情地拥立它登上王座，这也就是"强者恒强"的原因。很多人炒股时，不去买板块里最强的、涨得最猛的，却钟情于涨得最慢的，甚至不涨反跌的。这就好比同一年入职的几名员工，领导是提拔那个表现最优异的呢，还是说，因为这个员工表现最差，所以他的潜在提升空间最大而去重用他呢？

讲了这么一大堆，是不是感觉反而越听越糊涂了？其实说简单点儿，炒股就是"从股票价格偏离其真实价值里套利"，类似于"价值投机"，而价值投资则是买入公司的股权享受公司发展壮大后为股东赚取的利益。

投资跟炒股有着本质的区别，投资是下注一家你看好的公司，投资的是它的未来，因此投资应该是一个长期的过程，价值投资者很少去关注股价短期的波动，也不需要每天看盘，而是时刻关注着公司基本面的变化。炒股则追求的是在其价格被低估，并且即将起涨时买入，价格被高估后，明显要开启下跌势头时卖出，这就要求择时。有时候被低估时买入的也不一定赚钱，因为说不定有恐慌盘或有人为了收集筹码故意砸得更低；有时候被高估时买入也能赚钱，因为说不定有人愿意接盘，这就要求交易人学会基本的技术分析、情绪分析等。这两种理念并无优劣之分，任何一种理念用得好都能盈利，怕就怕"里外不是人"。有的人明明标榜自己是坚定的"价值投资者"，却连一份公司完整的年报都没看过，一次公司的股东大会都没参加过，整天盯盘研究MACD（异同移动平均线）、KDJ（随机指标）等指标，纠结于短线涨跌中；有的人，明明做不到低买高卖，甚至经常做成高买低卖，却不肯"回头是岸"，拥抱好公司做长线。

总的来说，炒股就是炒情绪，在情绪冰点，股价被错杀的时候买入，在情绪高潮，股价严重偏离真实价值时卖出；炒股就是炒分歧，在所有人都怀疑时介入，在所有人都转为看好时离场；炒股就是炒预期，公司的过去、现在如何都已经反映在股价上了，只有未来有增长的潜力，股价才有上涨的动力；炒股就是炒人性，一买一卖看似简单，买时要战胜内心的恐惧，卖时要克制内心的贪婪；炒股还是炒人品，买了就唱多，卖了就唱空，以此来误导别人，这都足以看出一个人的人品。

炒股交易成本的构成

炒股交易成本其实就是股票在交易过程中产生的费用，是指投资者在委托买卖证券时应支付的各种税收和费用的总和，通常包括委托费、佣金、印花税、过户费和其他费用等。

1. 委托费

委托费主要用于支付通信等方面的开支。一般按笔计算，交易上海证券交易所的股票、基金时，上海本地券商按每笔1元收费，异地券商按每笔5元收费；交易深圳证券交易所的股票、基金时，券商按1元收费。

2. 印花税

印花税是根据国家税法规定，在股票成交后对买卖双方投资者按照规定的税率分别征收的税金。印花税的缴纳是由证券经营机构在同投资者交割中代为扣收，然后在证券经营机构同证券交易所或登记结算机构的清算交割中集中结算，最后由登记结算机构统一向征税机关缴纳。其收费标准是按实际成交金额的1‰计收，只有卖股票时才会收取，买股票不会收取，基金、债券等无此项费用。

3. 佣金

佣金是指投资者在委托买卖证券成交之后按成交金额的一定比例支付给券

商的费用。此项费用一般由券商的经纪佣金、证券交易所交易经手费及管理机构的监管费等构成。根据监管规定，券商股票交易佣金最高为成交金额的3‰，每笔交易佣金最低5元起，买股票和卖股票都要交费。根据实际情况，目前大部分券商针对个人客户的佣金通常在0.1‰到0.25‰，并且呈下降趋势，有的小券商可以免除股票每笔交易佣金最低5元的限制。

4. 过户费

过户费是指投资者委托买卖的股票、基金成交后买卖双方为变更股权登记所支付的费用。这笔收入属于证券登记清算机构的收入，由证券经营机构在同投资者清算交割时代为扣收。过户费的收费标准为：上海证券交易所A股、基金交易的过户费为成交票面金额的1‰，不足1元按1元收取，其中0.5‰由证券经营机构交登记公司；深圳证券交易所免收A股、基金、债券的交易过户费。

5. 其他费用

其他费用是指投资者在委托买卖证券时，向证券营业部缴纳的撤单费、查询费、磁卡费，以及电话委托、自助委托的刷卡费、超时费等。这些费用主要用于设备、单证制作等方面的开支。其他费用由券商根据需要酌情收取，一般没有明确的收费标准，只要其收费得到当地物价部门批准即可，目前有相当多的证券经营机构出于竞争的考虑而减免部分或全部此类费用。

▮▮ 认识股市里的风险

相信大家都听过"股市有风险，投资需谨慎"的话，股市和其他一切活动一样，都存在风险，但我们对于炒股不必闻之色变，不必一味地"谨慎"。难道就因为最安全的飞机也会失事，我们以后就不坐飞机了？如果投资者觉得炒股风险太大，那么就应该把钱都投资在更安全的理财品种上。接下来就让我们探讨一下股市投资里具体有哪些风险，如何做好应对，而不是一味地谨慎却不知如何谨慎。

亏钱比赚钱容易

我们先来算一笔交易：我们知道股市里股票的涨跌幅限制是10%（创业板改为20%），假如我先买进1万元市值的股票，第一天涨停，变为11 000元，第二天跌停，结果就变成了9900元，不算手续费和印花税，最终亏了100元。如果换一下顺序，先亏10%再赚10%，结果也是一样的。再如我们亏损了50%，要想回本则需要翻倍；假如我们已经翻倍了，亏回去只需要亏50%。我们再问问自己，当我们亏损了50%时，一方面说明炒股水平很差，另一方面也会影响我们的心态，想要快速翻倍回本，这时要赚回本金，是不是难上加难？假如我们先翻倍，必然信心满满，认为自己就是股市奇才、天选之子，并且开始规划起未来的美好人生了，"股市就是我的提款机""复盘是什么东西，我需要复盘吗"。然而，人在输红了眼和赚翻了天时都是最容易做错事的，注意，这时只需要回撤50%，就能让你"回到解放前"。因此在这个市场，除非你赚完一波后就销户走人，否则你的钱是很容易不知去向的。要想长期稳定地盈利，最重要的事就是避免亏损，而要想避免亏损，规避风险永远是放在第一位的。

市场交易充斥着不确定

没有哪个投资者在下完一笔单后能够说："我保证这笔交易会赚钱。"如果有，说明要么有顶级的内幕消息获取渠道，要么亲戚就是这只股票的庄家，要么就是过度自信。这里顺便提一下，什么才是有价值的内幕消息？在笔者看来，唯一有价值的内幕消息应该是准确地知道一只股票的主力庄家在哪一天会开始拉升，因为你所知道的利好消息，一来有可能市场不认可，二来有可能近期股价的涨幅已经体现了这些预期，三来谁能保证庄家在拉升之前不会先砸盘暴力收集筹码？事实就是，庄家的操盘也是会根据市场情况顺势而为的，想从庄家口中得到具体的拉升时间恐怕也很难。因此，当我们买入一只股票后，会涨还是跌，会不会明天就退市了，这些都充满着不确定性。有的时候，即使我们看对了大盘的走势，选对了上涨的板块，然而买的个股突然放出了股东减持的消息，导致投资者恐慌抛售，股价下跌，这时也只能自认倒霉。

正是因为股市充满了不确定性，因此我们除非对一家公司的基本面很了解，各方面的综合分析都已经到位了，否则不要轻易满仓一只股票，更不要借钱贷款炒股，但这并不意味着"开股票超市"，盲目地分散投资。不过在笔者看来，除非资金量已经达到千万元及以上，否则过度分散投资是没有必要的。巴菲特说鸡蛋不要放在一个篮子里，那是因为人家有一篮子鸡蛋，对于散户来说，手里鸡蛋本就不多，没必要分散到许多篮子中。正常的投资者如果同时持有超过5只股票，是肯定看不过来的，实在想要分散风险，选择配置板块的ETF[①]或者指数基金即可。

人对市场的认知是有限的

为什么众多投资大佬也不能从市场中全身而退？这是因为在他们的认知里，危机总会过去，恐慌引起的下跌就是抄底机会，然而事后他们才懊悔不

[①]ETF是一种在交易所上市交易的开放式证券投资基金产品，交易手续与股票完全相同。ETF管理的资产是"一揽子"股票组合，这一组合中的股票种类与某一特定指数，如沪深300指数、上证50指数包含的成分股票相同，每只股票的数量与该指数的成分股构成比例一致，ETF的交易价格取决于它拥有的"一揽子"股票的价值。

已。为什么很多其他领域的专家来到股市还是难逃"一赚二平七亏"的定律，难道他们不够聪明、不够努力吗？原因是隔行如隔山，市场涨跌的逻辑跟他们认知里的市场不同。很有感触的一句话是，盈利是对市场认知的变现，只有当你对市场的认知能够支撑得起你的财富时，你才不会被市场收割。然而当你对市场了解得越多，你越会发现，永远不可能找到一项指标、一种战法能够帮你战无不胜。市场是唯一的老师，你可能会发现某种交易方法在某段适合自己的行情中能够轻松赚钱，但很快这种方法就在下一段行情中让你爆亏。当你知道了如何正确解读消息是利好还是利空后，很快市场老师就一巴掌告诉你"涨跌只有我说了算"；当你知道了在情绪冰点是诞生龙头的最佳时间后，市场老师教育你冰点之后还有冰点，高空落地后下面还有地下室。

看得准与赚得到是两码事

"我在这只股票10元时就看好它了，后来一路看着它涨到50元"，"看吧，我早就说了大盘在这个位置要调整了，是不是如我所言"，"说了这只股必翻倍，随便买，看吧，一个跌停之后连续六个涨停板"……相信很多交易者自身或者身边的人都有过这样的"马后炮"，然而当被问道"那么，你有没有买/卖呢"，便捶胸顿足，要么是没有胆量践行，要么是买入之后赚了点"毛毛雨"就跑了，或是清仓后看见一段拉升就又被骗进去了。这就提示我们一件事：看得准与赚得到是两码事。

为什么有的人对行情的判断很准确，但是轮到自己操作时便力不从心呢？还是我们之前提到的，股市交易，技术最多只占30%，剩下的靠的是心态。当我们手中没持股票时，对股票的判断必然是基于客观、理性分析的结果，然而当我们持有了股票，内心就会受股价波动的影响而躁动不安，毕竟只要买了股票，账户的盈亏都是真金白银啊。

ⅰⅰⅰ 炒股前先明确目标

你炒股的目标是什么？这个问题你得先问问自己。是一夜暴富，"八年一万倍"，还是跑赢通胀？如果是后者，我相信经过一段时间的学习和历练之后是有可能达到的，如果是前者，则要好好想想自己是否具有异于常人的天赋，是否拥有顶级的信息获取渠道，或者是否有足够供自己"悟道"的资金量。众所周知，现在网上流传着一句很火的话，"不要拿你的兴趣去挑战别人的专业"。对于刚入市的散户来讲，这个市场有混迹多年的老股民，有资金量庞大能够呼风唤雨的游资，有靠着投资这行吃饭的职业投资人，他们的目标是什么？我想越是专业的、混迹市场越久的人，他们对自己收益率的目标会越低。"股神"巴菲特的年化收益率不过20%多，而刚入市的新手，却想着拿"兴趣"挑战别人的专业，天天抓涨停，一买股票就希望是翻倍牛股，显然是没有认识到自身的实力与市场的风险。因此，投资者来股票市场之前要衡量好自己的实力，制定适合自己的目标。在制定目标时应当切忌盲目自大，在实现了目标之后切忌贪婪。

一般来说，我们在制定目标时往往会制定得较高，因为心理学表明人对自己的定位总是偏高。那么，一旦现实收益与我们理想的情况相差较大时，一方面人会产生失落感，会陷入懊悔、痛苦、疑虑中，从而对自己产生怀疑，进而造成每次交易的不自信；另一方面会使人产生赌徒心理，即通过自己的交易系统好像很难达成目标收益了，甚至已经开始亏损，因此接下来的交易一定会想通过更快、更刺激的方式挣回来，进行一些自己不熟悉，或者风险较高的操作,如希望通过满仓一只短线股,几个涨停实现收益目标。因此,不切实际的目标不可取。

接下来让我们分析一下实现了目标之后为何莫要贪婪。相信很多投资人有过类似的经历:年度的收益目标为20%,结果年初赶上了一小波不错的行情,很短时间内就实现了一年的目标,然而人性的贪婪以及满天飞的利好消息致使自己失去了理智,赚钱的交易甚至拿到亏损才想起离场。这时,我们先来思考一个问题,假如我们看好一家公司,它目前的股价也基本合理地反映了应有的价值,我们认为它的业绩能够达到每年20%以上的增长率,那么它的股价也应该一年有20%以上的涨幅与之匹配,但是这家公司的股价仅仅用了一个月,就涨完了它一年该有的涨幅,此时应该冷静思考一下这个问题:是退场还是继续加码?

我相信大部分理智的投资者这时思考的是如何退场。理论总是完美的,然而现实往往不是如此,投资人在这时往往都是信心满满的,即使这波行情只是市场的恩赐,即使知道这段时间只要买入股票并持有,傻瓜都能赚钱,投资人还是会将这笔利润归为自身的实力。例如,我赚钱不是因为市场老师给力,而是因为我的格局足够大,坚定地看多、做多A股,即使我买入的股票是听别人推荐的,或者全靠运气蒙的,那也说明我的眼光足够好,能够明辨别人推荐的股究竟好不好。我们知道,这时投资者可能是踌躇满志的,觉得20%的小目标太简单了,要不今年翻个倍;也可能是一脸茫然的,这什么情况啊,怎么涨得我看都看不懂,我应该逐步减仓落袋还是搏一搏更高的收益呢?记住,当你看不懂的时候差不多就是离场的时候了,因为你都看不懂了,继续交易跟赌博有什么区别呢?

在制定目标时,有的投资人目标很低,跑赢银行利率就行了;有的投资人甚至一开始进入市场就没想过能赚钱,而是抱着好奇、敬畏和学习的心态来交易的，这种心态我觉得很好。投资的确是门槛最低的一项事业，你不需要有雄厚的资金，不需要有从业资格，甚至不需要有任何专业知识就能够成为上市公司的股东。因此投资所要交付的学费其实都暗含在你交易的亏损中了，想要不交一分钱学费，到处打听个六位数致富代码，动动手指就能赚钱，天底下是没有这样的好事的。

最后说一句，记住你来股市的目的，不要忘记初心，你是来赚钱的，而不是来寻求刺激的，不是要跟别人比买到多少个涨停板、抓到多少只牛股的，一切对自己的对账单负责。

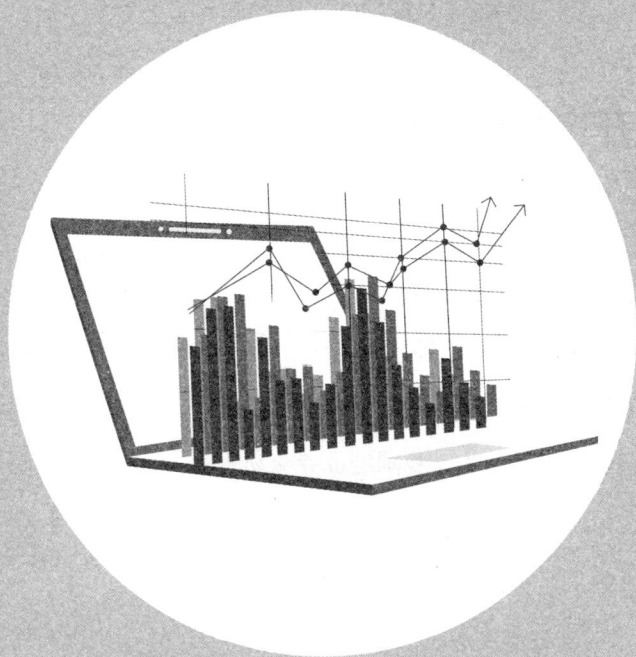

第三章

工欲善其事，必先利其器——炒股前的准备工作

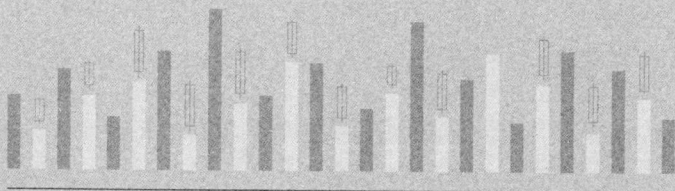

如何开户及选择券商

了解证券交易所和券商

证券交易所是为证券集中交易提供场所和设施，组织和监督证券交易，实行自律管理的法人。从世界各国的情况来看，证券交易所有公司制的营利性法人和会员制的非营利性法人，我国的证券交易所属于后一种。目前，中国内地有两家证券交易所，即1990年11月26日成立的上海证券交易所和1990年12月1日成立的深圳证券交易所。

券商，即经营证券交易的公司，或称证券公司，在中国有中信、申银万国、齐鲁、银河、华泰、国信、广发等。其实，它们就是上交所和深交所的代理商。根据证监会2020年8月发布的数据[1]，我国合规的券商有132家[2]。2020年有47家券商被评为A类，占比47.96%，其中有15家券商被评为AA级。B类券商有39家，占比39.80%，其中BBB级券商有23家；BB级券商有10家；B级券商有6家。11家券商被评为C类。仅有网信证券1家被评为D级。

券商的主要业务有以下五种。

（1）经纪业务：接受客户委托代客户买卖有价证券的业务，通过帮助客户开户来赚取佣金。

（2）承销与保荐业务：帮助发行人销售其发行的相关证券，并以此收取

[1] 证监会每年对国内券商进行一次评级，此处数据摘自2020年8月证监会发布的《中国证监会公布2020年证券公司分类结果》。
[2] 全行业132家公司中，有34家公司按规定与其母公司合并评价。

一定的费用。

（3）投资咨询业务：通过发布证券等相关产品的价值分析报告、行业研究报告、投资策略报告等，来为客户的投资提供有偿的咨询服务。

（4）财务顾问业务：为企业或上市公司提供证券交易、证券投资活动等有关的咨询、建议、策划业务。

（5）自营业务：以自有资金或者依法筹集的资金，为本公司进行相关证券投资的活动。

选择适合自己的券商

对于大多散户投资者来说，在决定股票开户前一定要认真选择开户的券商，好的券商能提供更好的服务、更稳定的交易平台，可以说，选择适合自己的券商是成功炒股的第一步。

但是，券商那么多，优秀的证券公司也不少，选哪家券商好呢？这个问题不免让许多股市小白犯迷糊了。对于初接触股市的投资者来说，如果没有仔细斟酌便随意开了户，日后难免会产生许多不必要的麻烦，因此，选券商和买股票其实都不能随意，切忌盲目跟风。找到适合自己的券商要坚持以下三条原则。

1. 选择实力强、信誉好的证券公司

主要考虑资金的安全性、股票交易软件的稳定性、股票交易跑道的畅通性、券商开展各种业务的资格、后续服务的完整与否以及收费的诚信透明度等因素。

2. 选择业务全面、渠道丰富的证券公司

主要考虑证券产品发展的多元化、更为方便快捷的服务以及优先试点政策倾向性等因素。

3. 选择服务好、操作方便的证券公司

主要考虑优秀的软硬件支持、丰富的交易软件、良好通畅的沟通渠道、及时通畅的客户服务、稳定快速的系统维护等。

在实际操作中，首先，应该对附近的多家证券公司营业部的佣金比例进行了解和比较，因为佣金的高低直接决定了投资者的交易成本，尤其是对于操作频繁、喜欢短线操作的投资者来说，佣金长期积累起来也是一个大数目。不同的城市、不同的券商营业部佣金的差异是较大的，通常的佣金是在万分之一到万分之二点五，而且，资金量较大或是交易量较大的往往还可以更低，具体佣金比例一般是可以与券商洽谈的。通常情况下，所处城市越发达，由于证券公司较多，竞争比较充分，所以佣金普遍会较低。

其次，在佣金水平差不多的情况下，可以尽量选择知名度较高，距离自己居住地较近的证券公司营业部去开户，这样不仅服务更有保障，后续相关业务办理也会比较方便。

开户的流程

新手炒股开户流程主要包括以下五个步骤，如图3-1所示。

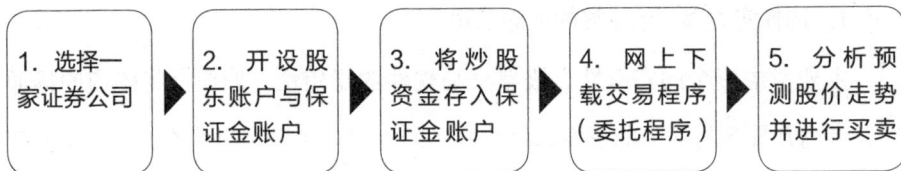

| 1. 选择一家证券公司 | ▶ | 2. 开设股东账户与保证金账户 | ▶ | 3. 将炒股资金存入保证金账户 | ▶ | 4. 网上下载交易程序（委托程序） | ▶ | 5. 分析预测股价走势并进行买卖 |

图3-1 开户流程

1. 开户所需资料

开户要去证券公司的柜台处办理，在选择好一家证券公司之后，我们就可

以去证券公司开户了。在证券公司开户时，普通投资者需提供本人有效身份证及复印件，委托他人代办的，还需提供代办人的身份证及复印件。公司或企业开户时则需提供营业执照（及复印件）、法人委托书、法人代表证明书和经办人身份证。

在开户时，一般要开设两个账户，其中一个为股票账户，另一个为资金账户。股票账户在证券公司柜台处办理，这也是我们平常所说的开户。在开设完股票账户之后，会得到一张股票账户卡，如果我们同时开设上证的股票账户与深证的股票账户，则将获得两张股票账户卡。在股票账户卡上有一个唯一的股东账户号码，证券交易所就是以这个号码来管理、记录投资者的交易行为的。投资者的股东账户号码就如同公民的身份证号码一样，与投资者是一一对应的。在开设股票账户时，用户还要与证券公司签订代理买卖合同，签订风险揭示书等一系列材料，这些材料的签订可以在证券公司柜台人员的指导下完成。

股票账户只是用于管理、记载投资者的股票交易情况，并不用于炒股资金的结算，也不用于资金的存储。在开设完股票账户之后，我们还要开设资金账户。资金账户也称为保证金账户，它是对股票交易过程中所发生的资金变化进行资金管理的一个账户，是一种由相应银行托管资金、由券商从事核算的资金管理平台。对于资金账户来说，证券公司只负责资金的结算，而这些资金都是存放于银行的，因而，投资者不用担心证券公司会挪用自己的炒股资金。

资金账户要在银行开设，至于具体去哪家银行办理，我们可以向证券公司咨询。一般来说，我们还要开设一个银行的活期账户（可以是活期存折，也可以是储蓄卡），这个银行活期账户的用户名与股票资金账户的开户名应是一致的，以后，我们向资金账户中存取现金时，就可以通过这张银行卡来办理了。根据国家有关规定，下列人员不得开设 A 股证券账户。

（1）证券主管机关中管理证券事务的有关人员。

（2）证券交易所管理人员。

（3）证券经营机构中与股票发行或交易有直接关系的人员。

（4）与发行人有直接行政隶属或管理关系的机关工作人员。

（5）其他与股票发行或交易有关的知情人。

（6）未成年人或无行为能力的人以及没有公安机关颁发的身份证的人员。

（7）由于违反证券法规，主管机关决定停止其证券交易期限未满者。

（8）其他法规规定不得拥有或参加证券交易的自然人，包括武警、现役军人等。

2.开户具体流程

股票买卖账户并不是任何人都能够开立的，为了保证股市的稳定和有序发展，开户主体的合法性和真实性是必备的，即只有符合国家相关法律允许进行证券交易的自然人或法人机构才有开立交易账户的资格，并且开户主体提供的开户资料必须真实有效（见表3-1）。

表3-1　开户主体的对应要求和所需资料

开户主体	要求	所需资料
自然人	年满 18 周岁（以身份证出生日期为准，16周岁至18周岁的未成年人如果能够提供收入证明也可办理开户），且以前没有开立过证券账户；如果在该证券公司开立过证券账户，则需要先注销或者做转户处理	持有效身份证和银行卡等到营业部开户或者网上开户

开户主体	要求	所需资料
法人机构	必须通过网上预约或者直接到营业部开户，暂不支持网上自助开户	营业执照（副本原件）、组织机构代码证原件、法人身份证原件或复印件、税务登记证原件、被授权人身份证原件、公章和法人章等

投资者开户有两种方法，分别是营业部开户和网上开户，现在很多投资者由于时间紧迫都会选择网上开户。

（1）网上开户流程。以中信证券为例，投资者进入其官网，下拉点击"我要开户"，弹出页面的下方会显示目前该公司支持的第三方存管银行和网上自助开户需要准备的资料，如图 3-2、图3-3 所示。

图3-2 支持第三方存管的银行

图3-3 开户前准备资料

（2）用手机扫描"码上开户"二维码，下载"中信证券信e投"App进行网上自助开户，然后点击"我的"→"手机开户"→"马上开户"，进行开户操作。具体操作步骤如图3-4所示。

输入手机号获取验证码

▼

识别身份证正反面

▼

完善个人身份信息

▼

进入开户系统开设证券账户和资金账户

▼

设置交易密码，选择第三方存管银行

▼

视频认证，完成风险测评

▼

选择交易品种

▼

获取交易账号，完成开户

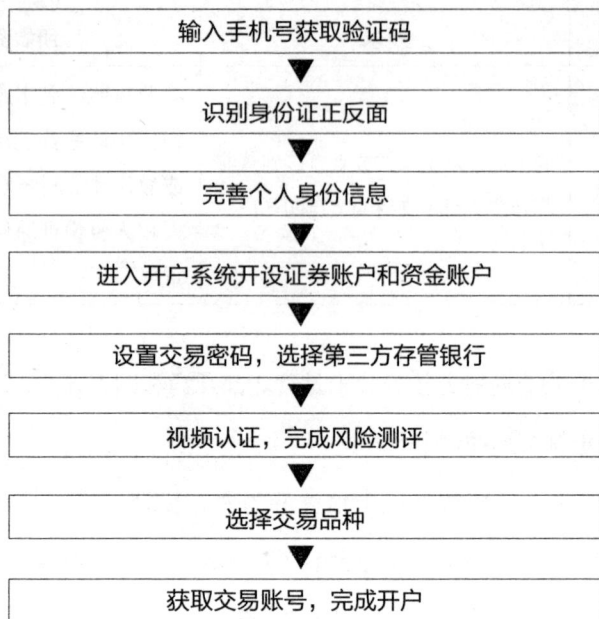

图3-4 手机自助开户流程

◆ 炒股软件的功能及操作——以同花顺为例

前面说到炒股需要下载交易软件和行情软件，其实，现在大多炒股软件兼具交易软件和行情软件的功能。炒股软件又叫股票软件，就是针对股票交易而开发的软件系统，基础功能包括财经资讯、股票行情、数据挖掘与分析、智能选股、交易系统。国内股票软件众多，各有特色，比较出名的有大智慧、同花顺、钱龙、通信达、红股通、股融软件等。

同花顺是国内最大的第三方股票交易平台，支持多家券商登录交易，是市场上行情交易最快、数据最全、性能最优、最受股民热捧的免费股票软件，是一个同时提供行情显示、行情分析和行情交易的股票软件。同花顺能提供沪深两市（含创业板）、基金、港股美股等外盘及股指期货行情，具有在线股票买卖委托功能，还可提供宏观财经、行业板块和个股F10等资讯。因此，本节炒股软件以同花顺为例，介绍炒股软件的操作方法和主要功能。

（1）同花顺下载及安装。

浏览器中搜索"同花顺"，找到安装网页，下载，并进行安装，如图3-5所示。

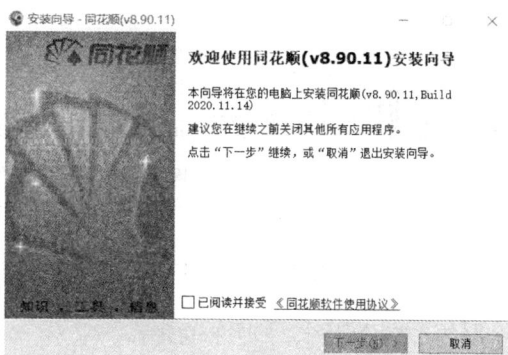

（2）通过同花顺查看股票分析图。

①登录同花顺，单击工具栏中的"个股"按钮，如图3-6所示。

图3-5 同花顺安装示意

②执行操作后，即可进入个股"涨幅排名"界面，使用鼠标左键双击想要查询的股票名称，即可看到该只股票的K线图，如图3-7和图3-8所示。

图3-6 "个股"位置示意

涨幅排名	涨停排名	DDE排名	资金流向	主力增仓	财务数据	上市至今	批股通排名								
	代码	名称	涨幅%↓	现价	涨跌	买价	卖价	总量	总金额	现手	涨速	实体涨幅	现均差%	换手
1	688628	N优利德	+274.67	71.60	+52.49	71.54	71.60	19.35万	10.18亿	2↓	+0.00%	+70.48%	+99.25	77.37%
2	688607	N康众	+266.22	85.00	+61.79	85.00	85.02	15.74万	10.07亿	5↓	+0.00%	+89.10%	+90.63	85.64%
3	300939	C秋田微	+100.99	145.72	+73.22	145.72	145.80	14.76万	13.96万	1↑	+0.03%	+94.29%	+55.17	69.82%
4	300936	C信测	+57.06	95.10	+34.55	95.10	95.20	11.46万	8.74亿	1↑	+0.74%	+61.19%	+31.09	70.40%
5	300937	C药易购	+32.75	120.80	+29.80	120.75	120.80	15.68万	16.89亿	1↓	+0.00%	+37.27%	+14.41	63.03%
6	300936	C中英	+24.26	80.01	+15.62	80.01	80.02	11.92万	9.07亿	1↓	+1.28%	+32.97%	+6.17	63.42%
7	688350	富淼科技	+20.41	38.29	+6.49	38.28	38.29	18.08万	6.28亿	2↓	-0.03%	+29.71%	+11.08	72.66%
8	300307	慈星股份	+20.03	7.43	+1.24	7.43	-	25.47万	1.80亿	329↑	+0.00%	+18.50%	+5.59	3.30%
9	300906	日月明	+20.01	63.94	+10.66	63.94	-	10.10万	5.94亿	1↑	+0.00%	+18.08%	+9.56	50.51%
10	300923	研奥股份	+20.00	41.16	+6.86	41.16	-	81016	3.14亿	1↓	+0.00%	+19.30%	+6.83	41.23%
11	300933	中辰股份	+19.99	16.33	+2.72	16.33	-	24.45万	3.86亿	551↑	+0.00%	+8.15%	+3.91	28.40%
12	300931	通用电梯	+19.97	15.86	+2.64	15.86	-	30.44万	4.56亿	1↓	+0.00%	+22.47%	+6.69	53.45%

图3-7 "涨幅排名"示意

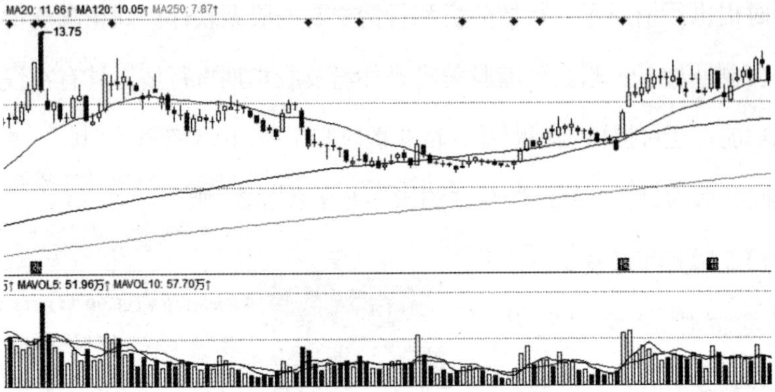

图3-8 "K线图"示意

③在K线图页面左上方可以看见"分时图",点击"分时图",即可查看个股的价格分时图,如图3-9所示。

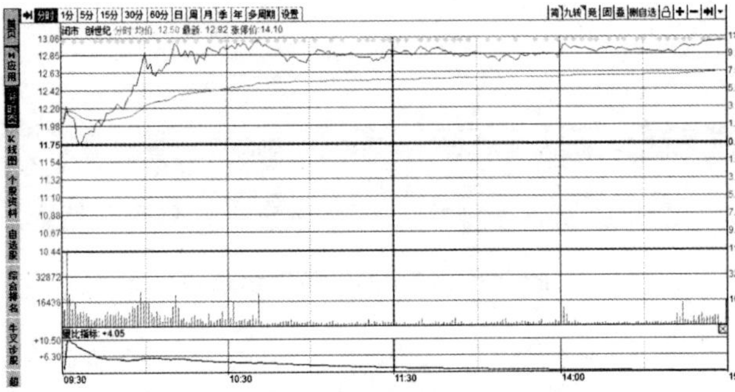

图3-9 "分时图"示意

(3)在同花顺的个股K线图中添加与删除指标线。

K线图中,有许多供参考的指标线,用户可对其中的指标线进行添加和删除。

①在K线图上单击鼠标右键,在弹出的快捷菜单中选择"常用线型与指标",然后点击"更多指标"选项,如图3-10所示。

②执行操作后，弹出"请选择指标"对话框，选择要添加的指标线，单击"确定"按钮，如图3-11所示。

图3-10　"更多指标"示意　　　　图3-11　"选择指标线"示意

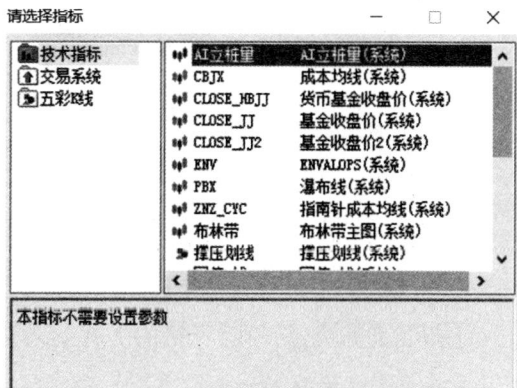

③执行操作后，即可添加相应的指标线。图3-12为增加"成本均线"后的走势图。

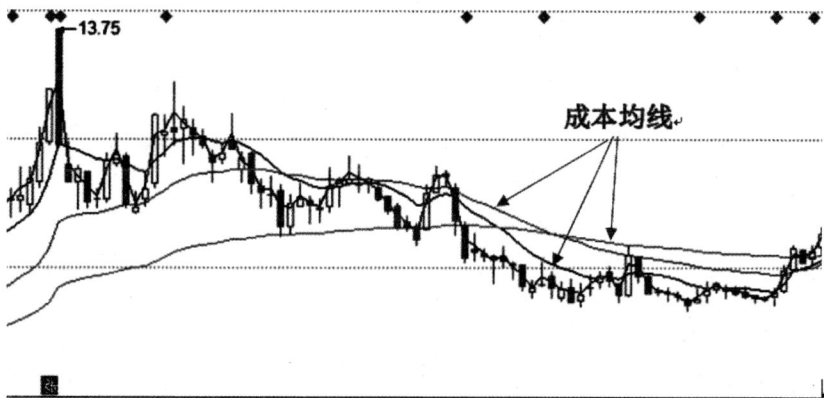

图3-12　增加"成本均线"后的走势

④在K线图上选择一条指标线，单击鼠标右键，在弹出的快捷菜单中选择"删除成本均线Ctrl→Del"选项，如图3-13所示。

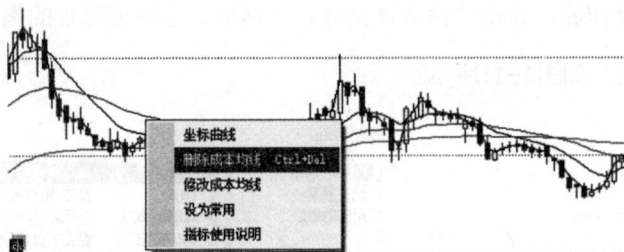

图3-13 删除"成本均线"指标线示意

（4）在同花顺中进行股票报价分析。

①报价页面主要是以表格的形式显示商品的各种信息。报价页面可以让用户对所关注股票的各种变化一目了然，可以同时显示多只股票，并对这些股票的某项数据进行排序，让用户方便、快速地捕捉到强势、异动的股票。下面介绍同花顺免费版的报价分析功能使用方法。

在"报价"菜单里可以调用各种报价分析的页面，如图3-14所示。

②"多窗看盘"是同花顺软件为用户实时看盘特制的页面，可以让用户同时浏览所关注的多只股票，如图3-15所示。

报价	行情	分析	交易	智能
自选报价				▶
自选同列				006
沪深指数				▶
上证指数				F3/03
深证成指				F4/04
涨幅排名				▶
综合排名				▶
沪深股票				▶
科创板				688
创业板				300
中小板				002
股转系统(新三板)				▶
陆港通				▶
沪伦通				
多股同列				▶
分时线同列				▶
板块同列				59
主力增仓				▶
资金流向				▶
多窗看盘				90
主力大单				91
板块热点				94

图3-14 "报价"示意

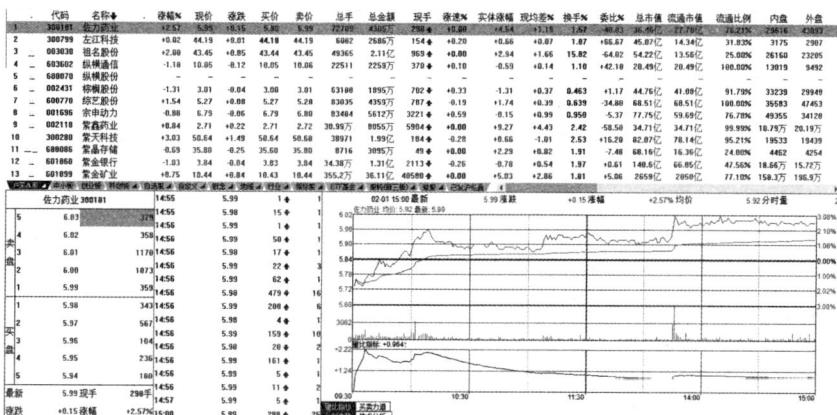

图3-15 "多窗看盘"示意

③单击页面表格中的股票"名称"，则"名称"栏目中的股票会出现降序排列，再次单击则按升序排列（在栏目名称旁有箭头表示状态），如图3-16所示。

代码	名称↓	.	涨幅%	现价	涨跌	买价	卖价	总
300181	佐力药业		+2.57	5.99	+0.15	5.98	5.99	727
300799	左江科技		+0.02	44.19	+0.01	44.18	44.19	60
003030	祖名股份		+2.00	43.45	+0.85	43.44	43.45	493
603602	纵横通信		-1.18	10.05	-0.12	10.05	10.06	225
688070	纵横股份		—	—	—	—	—	
002431	棕榈股份		-1.31	3.01	-0.04	3.00	3.01	631
600770	综艺股份		+1.54	5.27	+0.08	5.27	5.28	830
001696	宗申动力		-0.88	6.79	-0.06	6.79	6.80	834
002118	紫鑫药业		+8.84	2.71	+0.22	2.71	2.72	30.99
300280	紫天科技		+3.03	50.64	+1.49	50.64	50.68	389
688086	紫晶存储		-0.69	35.80	-0.25	35.60	35.80	87
601860	紫金银行		-1.03	3.84	-0.04	3.83	3.84	34.38
601899	紫金矿业		+8.75	10.44	+0.84	10.43	10.44	355.2

图3-16 股票"降序排列"示意

（5）在同花顺进行股票财务分析。

在股市的分析中，其中有一项是股市针对上市公司的财务数据图表分析。

这项分析从某种程度上建立在股民对财务有一定专业知识的基础上。那么，对于一些没有财务分析经验的投资者，他们的投资活动会不会存在阻力呢？回答是否定的。这些投资者可以通过炒股软件工具的应用，来弥补财务分析知识的空缺。同花顺将各种复杂的财务数据通过图形和表格的形式表达出来，使上市公司的经营绩效清晰地展示在投资者的面前，并可以在上市公司之间、板块之间作各种比较、计算，还配以详细的说明，让没有财务分析经验的投资者轻松地掌握这种强大的分析工具。

①单击"分析"→"个股资料"命令，即可查看每只股票背后上市公司的基本资料。通过该项操作，用户能够了解到上市公司目前的运营状况、业务收支的状态等，如图3-17和图3-18所示。

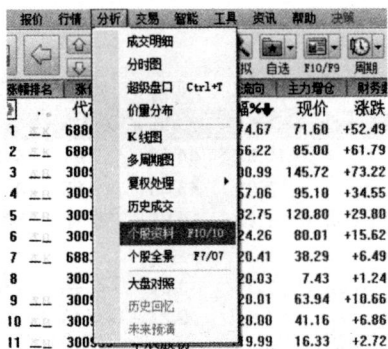

图3-17　"个股资料"示意（一）

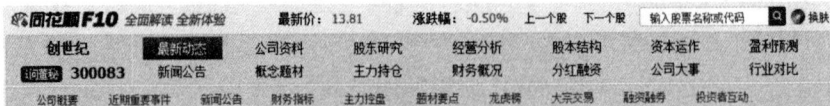

图3-18　"个股资料"示意（二）

②例如，单击"财务概况"，即可查看上市公司总结和评价财务状况与经

营成果的相关指标，如图3-19所示。

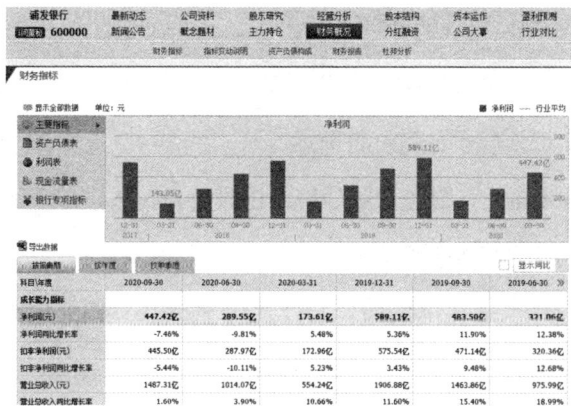

图3-19　"财务概况"示意

③单击"个股资料"左侧的"牛叉诊股"标签。牛叉诊股是同花顺将大量财务数据、交易数据和分析师研究数据经过先进、科学的数学模型算法加工而成的一个股票评价黑箱。这些数据对于用户来说，是很重要的财务信息，如图3-20所示。

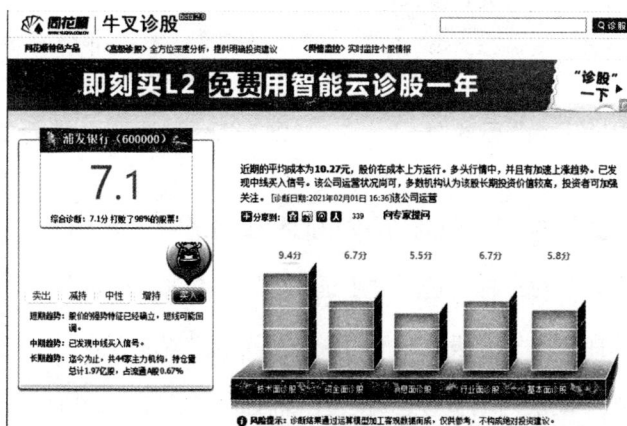

图3-20　"牛叉诊股"示意

在牛叉诊股页面，投资者可以查看与该只股票的技术面诊股、资金面诊股、消息面诊股、行业面诊股、基本面诊股相关的信息。

（6）在同花顺进行智能选股。

通过同花顺的智能选股功能，投资者可以在茫茫股票池里快速选出自己关注的股票，轻松把握股市良机。智能选股其实很简单，只要轻松一勾，就可通过K线选股、指标选股、财务选股、综合选股、自定义选股等进行选股。下面介绍同花顺免费版的智能选股功能。

①在菜单栏中，单击"智能"→"选股平台"，弹出"选股平台"对话框，如图3-21、图3-22所示。

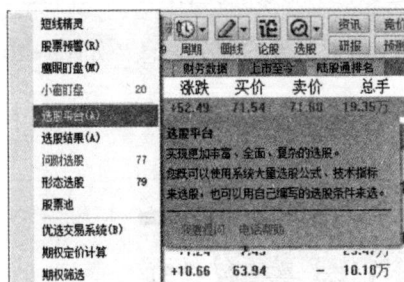

图3-21　"选股平台"示意（一）　　　图3-22　"选股平台"示意（二）

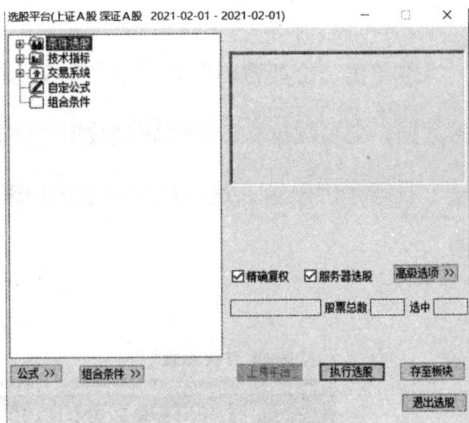

②单击"高级选项"按钮，在弹出的列表中选中"选择板块"选项，弹出"适用代码设置"对话框，选择"上证A股"，点击"确定"，然后在左侧列表框中依次选择"条件选股"→"K线选股"→"智能选股"→"创近30日历史新高"选项，单击"执行选股"按钮，如图3-23、图3-24所示。

如果需要自己添加或者删除列出的备选条件，用户可以在"选股平台"里面设置，执行操作后，即可开始智能选股操作，在选股过程中，因为涉及大量的计算，会消耗一定的时间。其间，用户可以自由进行其他操作，不影响选股结果。

图3-23 "适用代码设置"示意

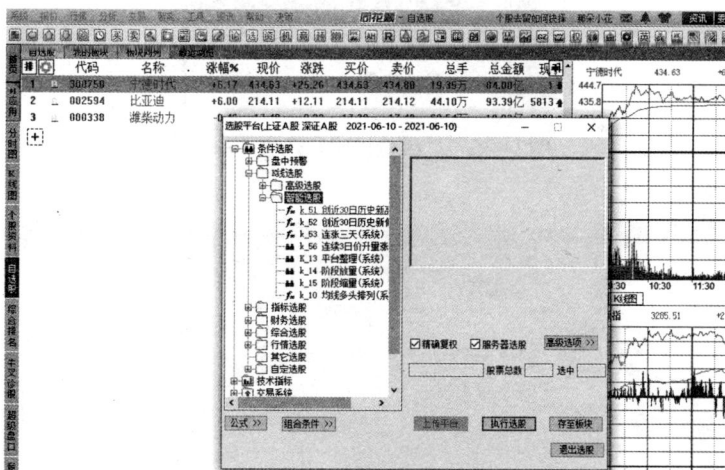

图3-24 "条件选股"示意

③稍等片刻，客户端软件中就会显示满足上证A股中"创近30日历史新高"这个条件的股票。

（7）通过同花顺模拟炒股增加经验。

炒股就是买卖股票，靠做股票生意而盈利，买了股票其实就是买了企业的所有权。模拟炒股就是根据股票的交易规则，基于一种虚拟的平台，实现股票买卖的一种炒股手段。模拟炒股系统是一种利用互联网技术，根据股市实盘交易规则设计的模拟仿真系统。股票投资者通过模拟炒股系统可以系统地锻炼或学习买卖股票技术。下面介绍使用同花顺模拟炒股的操作方法。

①在同花顺主界面中，单击菜单栏中的"交易"→"模拟炒股"选项，执行操作后，弹出"模拟炒股"对话框，如图3-25、图3-26所示。

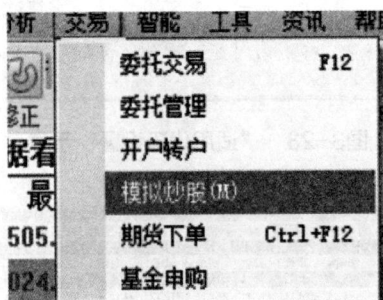

图3-25　"模拟炒股"示意（一）

图3-26　"模拟炒股"示意（二）

②点击"市价委托"→"买入"页面，选择证券代码，设置买入数量，点击"买入"，如图3-27所示。

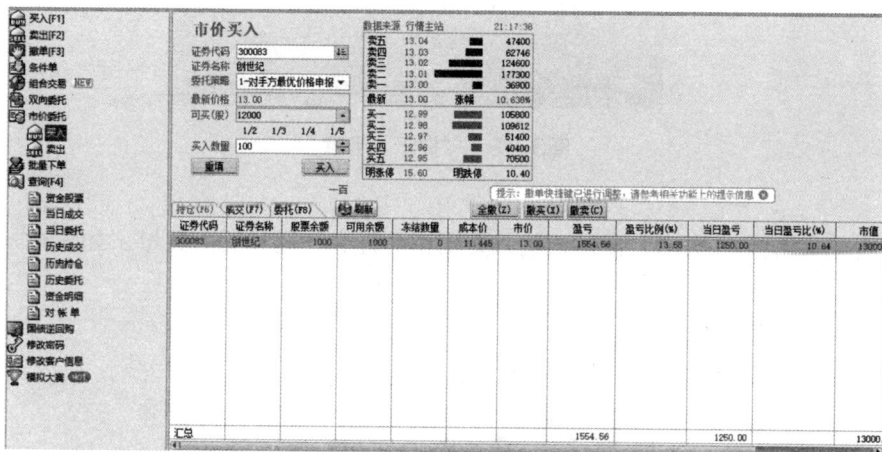

图3-27　"买入"示意

③出现"委托确认"和"提示"页面，说明购买成功，如图3-28、图3-29所示。

图3-28　"委托确认"示意

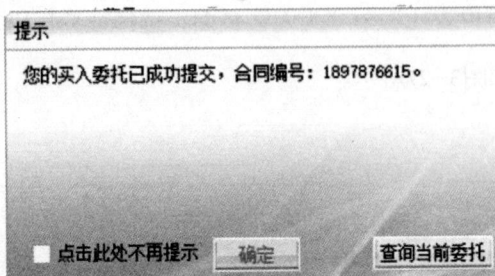

图3-29　"提示"示意

④切换至"卖出"窗口，输入要卖出的证券代码和卖出数量，如图3-30所示。

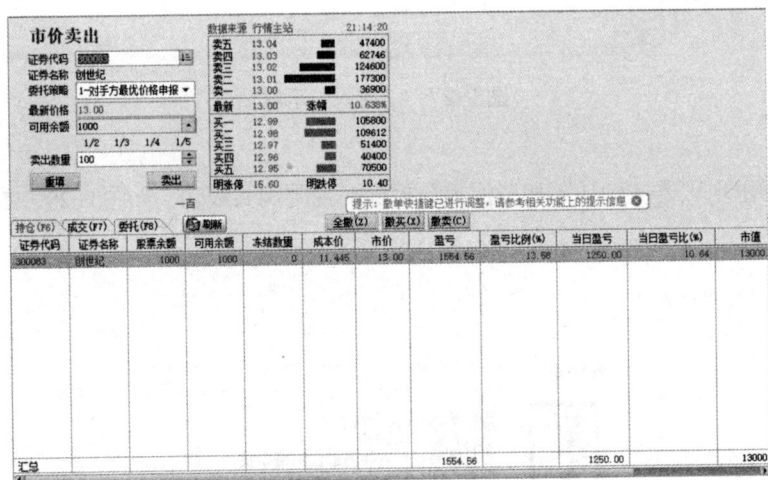

图3-30　"卖出"示意

需要注意的是，在考虑成交量控制的模拟炒股系统中，由于模拟炒股用户委托价格并不会影响到实际行情的变化，因此用户在进行模拟炒股时，小资金体验往往是仿真度较高的，而多数模拟炒股系统不能体现出大资金对行情的影响。

ⅢⅡ 如何开始第一单交易

开完户之后，首先，我们需要在交易软件中找到"银证转账"选项，将银行里的钱转到你的证券资金账户上，然后才能买股票。

以手机同花顺为例，当我们选好要交易的股票后，接下来要进行以下操作。

（1）输入股票代码或者直接在自选股界面点击进入个股界面，如图3-31所示。

（2）点击屏幕下方的"下单"，跳出"分时下单"和"交易下单"两个选项，如图3-32所示。

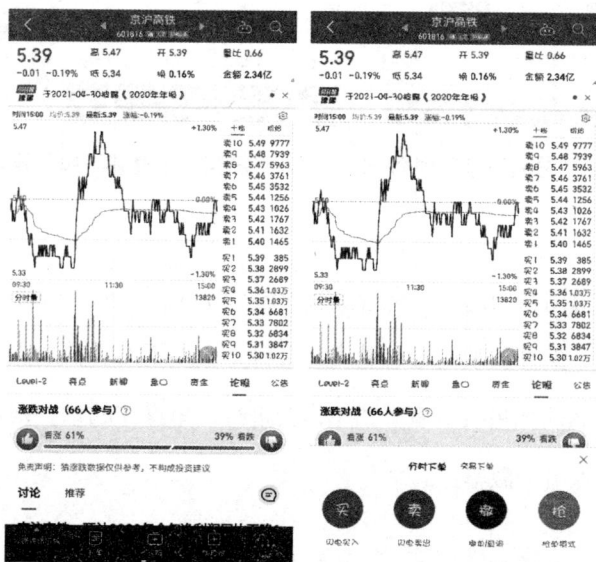

图3-31　个股界面

图3-32　下单选项

（3）"分时下单"就是在股票分时图界面直接下单，其优点是可以边下单边看股价实时走势，快捷方便。投资者可以在价格栏手动输入报价，也可以直接点击右侧买卖队列中的买卖价，或者点击价格栏下方的"涨停""跌停"价直接下单，如图3-33和图3-34所示。

图3-33 "分时下单"界面　　　3-34 "交易下单"界面

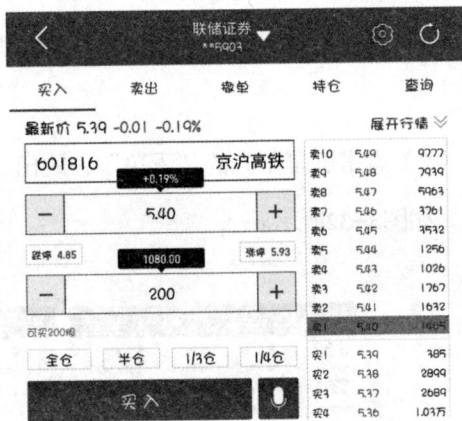

买卖数量可以自由选择"全仓""1/2仓""1/4仓"等。"交易下单"界面则看上去更专业，然而反映的信息其实和分时下单差不多。其缺点是不能即时查看个股走势，然而如果投资者下错单需要进行撤单操作的话，则必须进入"交易下单"界面点击"撤单"。

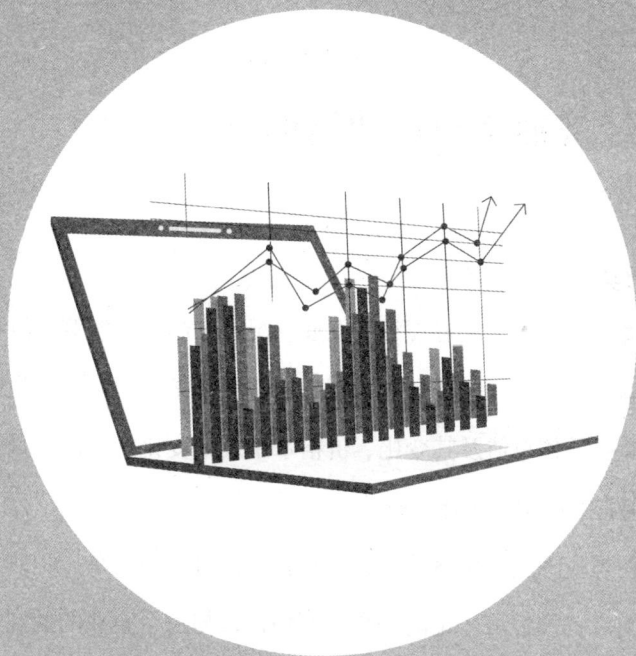

第四章

股票涨跌的影响因素

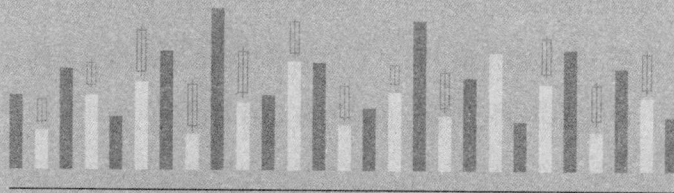

▮▮ 宏观经济形势与行业周期

宏观经济形势

宏观经济形势是指国家宏观经济发展状况及其趋势。宏观经济状况好与坏对企业的影响十分明显。影响企业运行的宏观经济指标包括国民生产总值及其变化、社会商品零售总值及其变化、价格水平及其变化等，以下是对几个宏观经济因素如何影响股价的具体分析。

经济增长与我国股票价格波动之间有着密不可分的关系，GDP（国内生产总值）作为衡量我国经济水平的一个重要指标，与每个企业的盈利情况息息相关。当GDP增长时，公众对我国经济前景预期较好，对企业来说，想要追加投资，扩大规模，提高市场竞争力，进而影响股票市场的发展，促使股票价格波动；对消费者来说，如果GDP增长，收入水平会提高，消费和投资需求也会增加，随着人们对股票需求的增加，股票价格趋于上升趋势，因而经济增长是我国股票价格波动的一个重要影响因素。

货币供需与股票价格之间存在紧密的联系，货币需求的多少主要取决于交易动机、预防动机以及投机动机等。投机动机会引起货币需求与股票价格之间的关系发生变化，即股票价格上升，货币需求减少；股票价格下降，货币需求增加。因此，货币需求对我国股票价格的波动有着很强的影响。同时，货币供应量作为货币政策中介目标之一，也通过某种传导机制影响着股票价格。中央银行通过在公开市场上买卖有价证券来控制我国货币的供应量，如果中央银行买进有价证券，货币供应量增加，有价证券的需求就会增加，从而使我国股票价格上升；我国货币供应量减少，股票价格会降低。因此，货币供需与股票价格之间存在密切联系。

利率作为货币政策的中介目标之一，也通过某种传导机制影响着我国股票价格。根据西方经济学理论可知，利率与股票价格之间存在此消彼长的联系，即利率上升，股票价格下降；利率下降，股票价格上升。一方面，利率上升，企业借贷成本上升，企业运营资金减少，企业会缩小生产规模，故企业利润下降，从而使企业股票价格下降；另一方面，当利率上升时，人们更倾向于储蓄，会把原本用于购买股票的一些资金转向储蓄，因而人们对股票的需求减少，使股票价格下降。因此，利率对股票价格有很大的影响。

我国财政政策分为扩张性财政政策和紧缩性财政政策。

扩张性财政政策表现为政府增加投资，降低税率，减少税收。如果我国实行扩张性财政政策，企业生产成本降低，将会扩大生产规模，因而企业的市场影响力会增强，股票价格上升。紧缩性财政政策表现为政府减少投资，提高税率，税收增加。如果我国实行紧缩性财政政策，企业生产成本增加，将会缩小生产规模，因而企业的市场影响力会下降，股票价格下降。因此，财政政策与我国股票价格之间有着密切的联系。

行业周期

一般而言，行业的生命周期包括初创期、成长期、成熟期和衰退期四个阶段。

在初创期阶段，新行业初建，只有少数创业公司投资于这个新兴的产业。该阶段产业的创立投资和产品的研究、开发费用较高，而产品市场需求狭小，销售收入较低，因此这些创业公司财务上可能不但没有盈利，反而有亏损的可能。同时，较高的产品成本和价格与较小的市场需求还使这些创业公司面临很大的投资风险。这类企业适合投机者，因为虽然介入风险较大，但是在初创期后期，随着行业生产技术的提高、生产成本的降低和市场需求的扩大，新行业便逐步由高风险、低收益的初创期转向高风险、高收益的成长期。

在成长期阶段，拥有一定市场营销和财务力量的企业逐渐主导市场，这些企业往往是较大的企业，其资本结构比较稳定，因而它们开始定期支付股利并扩大经营。这一阶段有时被称为投资机会时期。生产厂商随着市场竞争的不断发展和产品产量的不断增加而相应增加，市场的需求日趋饱和。在成长期的后期，由于行业中生产厂商与产品竞争优胜劣汰规律的作用，市场上生产厂商的数量在大幅度下降之后便开始稳定下来。因此，在成长期，虽然行业仍在增长，但这时的增长具有可测性。由于受不确定因素的影响较小，行业的波动也较小。此时，投资者蒙受经营失败而导致投资损失的可能性大大降低，因此，他们分享行业增长带来的收益的可能性大大提高。

在成熟期阶段，在竞争中生存下来的少数大厂商垄断了整个行业的市场，每个厂商都占有一定比例的市场份额。由于彼此势均力敌，市场份额比例发生变化的程度较小。厂商与产品之间的竞争手段逐渐从价格手段转向各种非价格手段，如提高质量、改善性能和加强售后维修服务等。行业的利润由于一定程度的垄断达到了很高的水平，而风险却因市场比例比较稳定、新企业难以进入保持稳定，因此股价市场上一般表现得较为稳定。

在衰退期阶段，新产品和替代品逐渐出现，原行业的市场需求开始逐渐减少，产品的销售量也开始下降，某些厂商开始向其他更有利可图的行业转移资金，因而原行业出现了厂商数目减少、利润下降的萧条景象，自然地，在股价市场上会表现得低迷。

上市公司基本面与经营状况

基本面是指对宏观经济、行业和公司基本情况的分析，包括宏观经济运行态势和上市公司基本情况。其中，上市公司的基本面包括财务状况、盈利状况、市场占有率、经营管理体制、人才构成等方面。一个公司的价值，是投资者也是股民选择这只股票的重要因素之一。没有人愿意把自己的钱放在没有希望的股票上，价值投资选股的基础就是上市公司的基本面分析。基本面就是上市公司的情况概述，其重要性可以成为股票的核心价值。

在这里，我们将上市公司基本面分析的一些核心内容进行了提炼。

1. 上市公司行业分析

行业分析对于上市公司而言是十分重要的，因为一家公司所处的行业直接决定了它未来的方向。如果行业的整体情况都不乐观的话，想在这种行业里找出极具成长性的公司就更加困难。

对不同行业的上市公司，采用的分析方法也不同。普通的投资者很少会像专业研究员一样自上而下地分析行业，而是先从众多上市公司中选择某几家看好的龙头公司，再自下而上地去了解、研究该行业。对公司所处行业的分析应包括两个方面的内容：一是上市公司所在行业的整体分析，该行业是否属于新兴赛道，该行业的市场空间有多大，该行业是否具有周期性等；二是上市公司在行业中所处的地位分析，该公司在行业中的市场份额情况，在产业链中的话语权如何等。

在我国的国民经济发展中，行业划分有自己独特的特点，它是按第一产业、第二产业和第三产业划分的。而股票市场上对行业的划分是：农业、工业品制造业、商业、交通运输、旅游、网络电信、高科技、家用电器、金融、化工、石油、建材、医药、纺织、外贸、生物工程、地产、汽车、综合类、食品加工、钢铁冶金、电力行业、造纸印刷、软件、计算机等。对于一些实体行业，其股价波动一般不大，而像互联网、金融行业等，这种股票涨跌幅度会比较大，也是投机者们比较偏爱的行业。

每一个行业都有四个发展时期：形成时期、成长时期、稳定时期和衰退时期。处在衰退时期的行业称为夕阳行业，处在形成和成长时期的行业称为朝阳行业。当大盘从底部启动后，投资者最好挑选朝阳行业的股票，不要进入夕阳行业的股票。朝阳行业和夕阳行业的划分是相对的，并有时间和地域的限制。

某一个国家的夕阳行业可能是其他国家的朝阳行业，如美国的高速公路，几年前已决定不再新建，与高速公路建设有关的行业也处在夕阳时期，但高速公路建设在中国处在朝阳时期。又如美国的汽车工业已处在夕阳时期，而中国的汽车工业仍处在朝阳时期。在某一个时期是朝阳行业，而在另一个时期可能就变成了夕阳行业。50年前，中国的纺织和钢铁行业处在朝阳时期，现在却处在夕阳时期。

每一个行业内部也有处在朝阳时期企业和夕阳时期企业之分。例如，纺织行业在中国处在夕阳时期，而采用新技术、新工艺和新材料的企业却处在朝阳时期。再如，采用纳米技术的纺织企业却处在形成时期，一旦纳米技术首先在我国的纺织行业应用，中国的纺织行业可能又会处在朝阳时期。新技术、新工艺和新材料的应用不仅可以改变企业本身的状况，也可能改变整个行业的状况。

行业规模也是重要的评价因素，因为行业规模的大小决定了企业的天花板在哪儿。现在已经处于成熟竞争阶段的家电行业，饱和的市场让我们对该行业也有了一定的了解。而一些规模不大的行业则意味着潜力未达上限，对于投资者而言就是机会，对于企业而言就是可挑战的，具有巨大的市场潜力。

2. 上市公司财务分析

除了分析行业特点外，我们还需要对这家企业本身的情况进行综合了解。我们能够通过公开的财务报表数据进行分析。财务报表就像一个人的体检表。他的基本身体素质可以通过相关可靠的指标进行量化分析。

首先，需要关注的是财务状况，其中最先需要关注的就是资产规模及融资能力。资金就是整个企业的血脉，我们在选择股票时需要重点关注资产负债表的账面价值、资产负债率、销售增长率等指标。经营分析也是如此。

其次，要了解企业的技术能力。我们可以通过了解其研发投入情况，分析其研发水平。我们是不可能像专业的技术领域人才一样，对特定技术水平进行系统化了解的，但是我们可以根据技术的专利情况，去了解其是否具有价值。这个价值，既体现在时间上，也体现在确切的实际应用上。很多企业在披露财报时，会说明购买新技术，这个是正常的，但是我们如果是打算长期持有的话，也要考虑企业的长期技术融合的情况。

再次，我们更多的是通过经营分析去了解企业的实际运行情况。一家企业的运行情况，我们也许不能够进入企业去实地考察，但是企业的很多外在表现能够反映出其运行状况，如企业是否被相关部门通报批评、有没有法律诉讼等。

最后，主要关注的是企业的盈利能力。最经常被用于测评企业盈利能力的指标就是每股盈利及市盈率。但是，这些过去的财务数据对于每时每刻都在变化的股市而言，确实有些滞后了。如果单独依靠过去形成的财务数据去决策持有哪只股票，是不理智的，我们要根据过去发生的经济活动去预测未来，不可以照本宣科。股价会在上市公司发布年报后产生一定程度的波动，此刻需要理智分析。

3. 上市公司市场分析

产品的市场占有应包括两个方面的内容：一是产品的市场占有率，是指该公司的产品在同类产品市场中所占有的份额；二是指产品的市场覆盖率，也指产品在各个地区的覆盖和分布。市场占有率和市场覆盖率都比较高，说明该公司的产品销售和分布在同行业中占有优势地位，产品的竞争能力强；市场占有率高而市场覆盖率低，说明公司的产品在某个地区受欢迎，有竞争能力，但大面积推广的话缺乏销售网络；市场占有率低而市场覆盖率高，这说明公司的销售网络强，但产品的竞争能力较弱；市场占有率和市场覆盖率都低，这说明公司的产品缺乏竞争力，产品的前途有问题。市场占有率高的企业，一般股价相对稳定；市场占有率低的企业，会存在股价激增的情况，因为由于某种契机或者政策，其股价就会增长。市场占有率和市场覆盖率都高的企业，其天花板效应决定了股价的峰值，而市场占有率和覆盖率不那么高的企业也意味着潜力的存在。

产品的品种类别和种类是否与市场相结合，与股价的增长也有着必然的联系。与日常生活相结合的产品，股价相对稳定，而新兴产业的相关产品，其股价短期内会有很大的波动。

产品价位变化会引起市场的供需变化，因此产品的价格与其说会影响股价，不如说它们是钩稽关系。最为明显的是石油价格，国内石油价格和中石油、中石化每天的股价变动趋势几乎是一致的。

上市公司财报附注中往往会披露出管理层的一些信息，因为一个好的管理者往往能够直接影响股价的变化。对于一些专业投资者而言，他们甚至会研究一个管理者的管理风格从而去进行投资管理。一般好的管理者其口碑在圈内如果是数一数二的，那么他接手这家公司后，公司的股价会有很大的增长趋势。

4. 重大事项分析

企业的很多重大事项都会直接影响到企业的经营运作情况，例如企业的经营范围变更或者是管理层变动等。此外，企业的收购、合资、股份回购等经济行为的发生还需要经过公司董事会审议，很多企业甚至将其定义为"三重一大"的范围内。

5. 未来发展分析

未来的发展分析，不仅仅局限于盈利或者股价的预测，还有市场环境的变化、需求预测甚至销售预测情况。

6. 风险分析

在进行企业风险分析时，要考虑环境、政治的宏观因素，也要考虑企业自身经营所带来的成本风险、应收账款坏账等风险。风险是复杂的，风险分析要做到风险识别、风险估计、风险评价及风险对策。分析并不是核心目的，最重要的是防控风险。

外围市场波动

从哲学上讲，万物之间都是有联系的，联系具有普遍性。因此，外围市场的波动对A股市场也会有一定的影响，有的是直接影响，也有可能是对投资者心理预期的影响，影响的结果可能是同涨同跌，亦有可能反其道而行之。例如晚上美股大涨，投资者会预期A股也跟涨，因此在早上竞价的时段就开始抢筹，那么就会造成个股以及指数高开。

一般而言，高开幅度如果不是太高，是一种好的预期，而一旦高开幅度太高，未进场的资金看不到好的性价比则会放弃，反而导致竞价透支了涨幅而不好接力。

2020年3月26日晚，美股大幅反弹6个多点，27日早上A股直接大幅高开1个点（对我们来说指数涨一个点就很多了），开盘之后便缺少资金接力，最终收了一根阴线，就是因为预期打得太满。有投资者可能会疑惑为什么美股作为成熟的市场大涨6个点也很正常，A股为什么涨一点儿就这么难。根本原因还是美股十年长牛，市场是牛市思维，即如果经济数据好，股市涨，经济数据不好，那么接下来肯定会有政策利好刺激，股市继续涨。

而A股的机构整天琢磨的就是"割韭菜"，对自家资本市场一点儿也不自信，根本不相信我们会有牛市，如果经济数据不好，提前知道消息的机构跑得比谁都快，如果经济数据很好，则市场又会认为"利好出尽是利空"，还是跌。

回归正题，如何分析外围市场对我们的影响呢？我们知道，A股市场与美股市场之间存在一定的关系——美国的资本市场历史更久、更成熟，美国的投资机构更权威，因此美股上涨之后，A股也会有相应的上涨。

例如，美股人造肉第一股"Beyond Meat"（BYND），上市首日便大超预期暴涨163%，之后的两个月股价不断创出新高，美国资本市场对人造肉这一新兴行业的认可与追捧引发了人们的思考，也让A股中的人造肉概念股被爆炒，典型代表就是当时的龙头股双塔食品（002481）。我们可以对比一下它们的走势，如图4-1和图4-2所示。

可以看到，A股市场的人造肉概念股虽然涨幅也高达3倍，但实现的过程充满了恶意：先是连续一字涨停板，普通投资者根本买不到，等大家能买到了，立即被套二三十个点，等你绝望"割肉"了，股价又是连续涨停，这就是一个反复收割的过程。

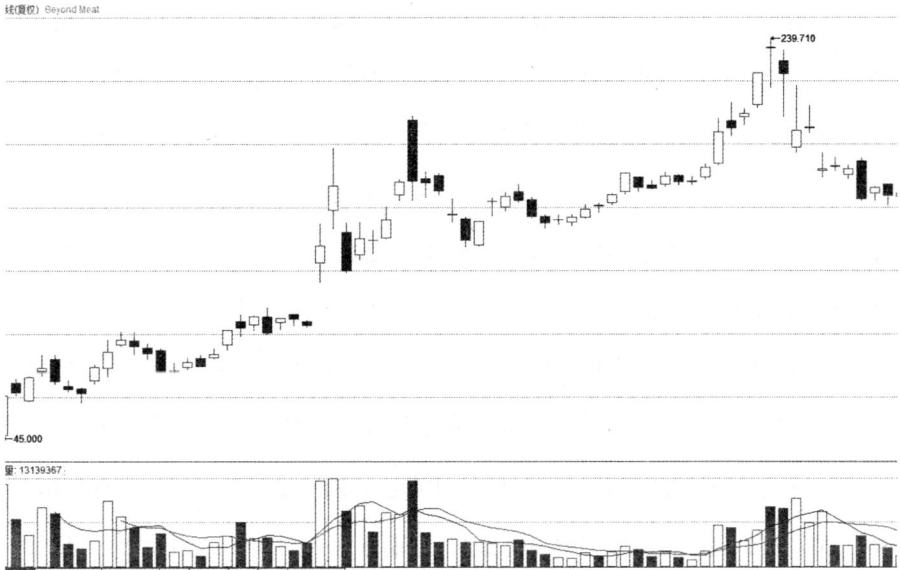

图4-1 "Beyond Meat"（BYND）上市后的日K线走势

图4-2 双塔食品日K线

再如，美股特斯拉（TSLA）1年涨幅近10倍（从2019年年末到2020年年末），同样带动了A股特斯拉概念、新能源汽车概念的炒作，其间A股诞生了模塑科技、秀强股份、奥特佳等短线大牛股，也有旭升股份、拓普集团、宁德时代、比亚迪、赣锋锂业等波段大牛股。接着，外围市场期货价格的走势也会影响股票市场，常见的有贵金属、基本金属、黑色金属、农产品等。由于极端气候、虫害忧患、粮食供应受阻等原因，市场对粮食涨价的预期不断升温，大豆期货从2020年5月开始走出一波主升浪，与之对应，A股农业种植板块随后也开启了一波主升浪，涨幅高达40%。同样地，铁矿石、煤炭、铜等大宗商品期货在2020年下半年一路新高，同样带动了A股市场有色冶炼加工板块的大涨。要知道，这些资源涨价10%，对应企业的利润增幅远不止10%。假如一吨铜的成本是30 000元，价格40 000元的时候企业年利润是10亿元，等铜涨到44 000元，利润就是14亿元，增幅高达40%。

利好利空消息

分辨哪些是利好，哪些是利空

在股市交易中，我们会听到各种各样的消息，有的是利好，有的是利空，还有的是中性，准确地解读这些消息是非常重要的。那么，哪些算利好，哪些算利空呢？首先我们逐个来看一下与上市公司相关的消息。

消息一：××公司披露了年报，净利润同比大增65%，比第三季度公布的预期增长率50%高15个百分点。

公司净利润大增是非常明显的利好消息。

消息二：××公司发布公告，某独立董事由于个人原因辞去在公司的职务。

这是中性消息。因为公司的独立董事并不对经营决策产生实质性影响。

消息三：某汽车行业上市公司，主营业务为传统燃油汽车，开盘前一天晚上特 斯拉股价大涨8%，美股新能源汽车股票集体大涨。

这属于情绪上的利好消息。

消息四：××社、××财经发布关于某上市公司的头条文章《蹭上××概念，股价一个月翻倍，究竟谁会接最后一棒》。

这属于无关紧要的消息，可以选择无视。

消息五：××公司发布公告，持股5%以上的某位股东计划在15个交易日后，6个月内减持公司股份1%。

这属于利空消息。

消息六：四部委联合发布公告，进一步明确国家鼓励的集成电路企业和软件企业的企业所得税减免政策，××公司为半导体、集成电路行业上市公司。

这属于落地的利好消息。

消息七：××公司涉嫌杀猪盘，目前庄家已被司法部门控制。

这属于利空消息。

消息八：××公司董事长对某未成年少女做了一些不可描述的事情。

这属于情绪上的利空消息。

消息九：某日上证指数暴涨2个点，盘后某微博"大V"发布微博：××底已经牢不可破，拥抱好公司，××点不是梦。

这属于利空消息。

消息十：高盛发布文章，称上证指数明年还将上涨至少16%。

这属于利空消息，反着看。

消息十一：工业大麻概念股大涨，××公司的主营产品是麻绳。

这属于中性消息。

消息十二：某领导在某地视察时说"地摊经济就是人间烟火"，××公司某日盘中发布了一则新闻，称本公司推出了一款新车型助力地摊经济。

这属于中性消息。

消息十三：某日盘中突然蹦出一条新闻——国务院转发多部门关于加快推进快递包装绿色转型意见的通知，包装板块拉升。

这属于利好消息。

消息十四：某日盘中突然蹦出消息——据不愿意透露身份的知情人士说，中信建投和中信证券正在谋划合并。

这属于中性消息。

消息十五：某日某公司公告称，将花费10亿元回购公司股份。

这属于中性消息。

消息十六：证监会发声，"促进居民储蓄向投资转化，鼓励居民投资入市"。

这属于中性消息。

利好利空的影响是什么

当我们知道一则消息是利好还是利空之后，就可以据此分析该消息对股价的影响了。很多投资者会困惑：为什么利好有时不涨，甚至下跌，利空有时反而涨得很凶？其实，我们在判断完利好利空之后，接下来要分析的是利好或利空是不是实质性的，利好或利空是否已经在走势上兑现了，市场资金对利好或利空的态度如何，基于这样的出发点，我们逐一分析前面的消息。

关于消息一，我们知道，炒股炒的不是一个公司过去、现在如何，而是未来如何。因此经常有的优质公司股价老是不涨，亏损公司却疯涨，这是因为现时的股价水平反映了公司的过去和现在，甚至部分未来的预期。只有市场预期一家公司未来能够有超预期的业绩空间，股价才有上涨动力。这里要提到一个概念——预期差。比如说有两家公司，一家公司市场预期它今年亏损2亿元，结果它只亏了1亿元，大超预期，那么股价会大涨；另一家公司市场预期它今年盈利10亿元，结果它只盈利了8亿元，股价反而可能大跌。消息一中，公司业绩增长了，且超出了市场预期，因此我们可以认为这是实质性的利好，资金的态度也会是看多，接下来我们只需要观察前一段时间公司股价的走势是否已经兑现了这部分预期即可。

关于消息二，需要投资者了解公司治理有关的知识。独立董事是指独立于公司股东且不在公司内部任职，并与公司或公司经营管理者没有重要的业务联系或专业联系，并对公司事务作出独立判断的董事。事实上，在现实中，独立董事就是挂个名号而已，因此其辞不辞职对公司都没有什么实际影响。假如把独立董事换成公司总经理呢？那么就要看这位总经理在职期间的业绩如何，以及新上任的总经理能力是否够强。

关于消息三，一般情况下，美股新能源车股票大涨，对A股新能源概念会起到情绪上的刺激。实际情况是，这家公司是做传统燃油车的，那么我们要思考的是，新能源车的兴起，会挤占传统车的份额，因此对传统汽车而言这不是利好反而是利空。想明白这一点后，我们就要进一步观察，汽车板块整体的炒作行情目前处于什么阶段。如果处于上升阶段，这一阶段的特点是不管你是什么车，都随着板块走，板块涨你就涨，这个阶段的炒作是不看基本面的。因此，美股新能源车大涨对这家公司股价的影响很可能是积极的，但如果汽车板块整体的炒作已经是尾声了，显然庄家会利用外围的利好出货，再加上这家公司的主营业务并不是新能源车，此时投资者更要格外小心，不要在大家都散场了才开始冲进去接盘。

关于消息四，我们要思考媒体发声是为了谁，很显然不是为了媒体自己。媒体对于市场的作用，要么是配合主力吸筹或出货，要么是"上面"间接地传递信号。因此，对于这种新闻不必过分解读，然而要注意的是，这条新闻是否有可能是"上面"要向市场传递降温信号，比如《人民日报》批评贵州茅台，言下之意就是"你炒得有点儿高了"，这个新闻就很重要。

关于消息五，股东减持股份一般有两种情况，一个是有资金需求，另一个是觉得股价高估了，然而市场不会管你是不是真的有资金需求，一般把这种消息看作利空，尤其是当股价被爆炒过后。当然，我们也需要结合股东减持股票的数量、减持位置、市场情绪等信息综合判断。

关于消息六，单看消息一定是利好，但是消息跟之前的预期对比呢？有没有预期差呢？我国上市公司的科技股与发达国家的科技股相比还有很大差距，为什么它们能涨翻倍，就是因为差距很大，所以才有强烈的政策扶持预期，然而现在政策已经落地了，还是利好吗？因此对于落地的利好消息反而是中性偏空的，具体情况还要结合板块走势、市场风向等综合分析。

关于消息七，直接告诉你这只股是庄股，"车门焊死，大家一个都别想跑"，这种消息不但保护不了投资者，反而是雪上加霜，因为根本没人敢去接盘了。

关于消息八，更多的是情绪上的利空而非实质性利空，一家公司的股价是由业绩决定的，并受情绪影响，说到底公司的董事长由于个人原因犯下错误，最多给大家留下不好的印象。

关于消息九，微博财经"大V"，尤其是粉丝量众多的，大多是反向指标，因为连这些人都开始看好了，盘面必然是一片欣欣向荣，一片欣欣向荣时多一分谨慎总是没错的。具体的操作还是要看盘面。

关于消息十，可以反向思考：你觉得一个东西好，会生怕别人都不知道吗？

关于消息十一，麻绳跟工业大麻，唯一的联系就是一个"麻"字，这种属于短期无厘头炒作。一个逻辑的炒作，当逻辑已经发散到炒名字的阶段，说明能挖掘的已经都被市场挖掘过了，一般也就是题材炒作的末期了，因此投资者需要注意风险。

关于消息十二，我们需要思考的是，地摊经济的本质并不是做大蛋糕，而是分蛋糕，是存量市场向经济困难人群让利的一种经济模式，并不会因为表扬、鼓励地摊经济就会有很多人真的上街摆摊，至于某公司推出新款摆摊车，究竟有多少增量市场呢？而真正需要靠摆摊维生的，真的有空去了解什么新款摆摊车，更换车型吗？因此，投资者应当清楚此类炒作属于短期情绪上的炒作，情绪炒作的特点就是，快进快出，股价从哪儿来、回哪儿去。

关于消息十三，首先这条消息对于散户来说属于突发利好，因此如果这个题材真的好，你一定买不到，能买到的都是坑。对于这种由盘中突发消息引起的股价拉升，我们都要特别注意不要追高，因为信息的不对称，你知道的消息大资金操作者一定早就知道了，如果大资金操作者真的认可并提前建好仓了，等你看到消息的时候肯定已经买不到了。

关于消息十四，这种消息，对于散户来说想考量其真实性根本是不可能的，就算是真的，也不可能承认，不然就是提前泄露消息了。当年南北车合并，直到前一天晚上，公司还在澄清不存在重大事项。因此，怎么看消息是利好还是利空，很简单的方法就是，看论坛！如果大多数散户是怀疑、不相信的态度，那么就是利好；如果大多数人看好，说明都"上车"了，那么就是利空。

关于消息十五，公司回购股份有很多原因，可能是向市场传递股价被低估的信号，也可能是不想让太多股份流通在外，防止被兼并与收购，因此不必过分解读，除非回购的金额非常大，那么可能会造成投资者情绪上的看多。

关于消息十六，看一个人不要看他说什么，而要看他做什么。例如"保护投资者"一直都是被提倡的，但到目前为止实质性的保护措施还很少。因此，投资者反而要警惕，如果这种消息是在行情过热时发出来的，反而是"老乡别走"的利空信号。

判断消息是利好还是利空，及其对股价的影响，是投资者需要具备的基本的技能。不同的投资者，由于其认知、掌握的信息不同，对同一个消息的判断也会千差万别，因此投资者需要不断提高认知，独立思考，独立判断，不可人云亦云。

▗▖ 持股者的预期

很多人看到这个标题突然激动了起来：什么，我对股票的预期也可以影响它的涨跌？那我当然希望它天天涨停了。事实上，决定股价涨跌的最主要因素还是主力资金的动作，只不过，持股者的预期会被主力所利用，从而间接地影响股价。正所谓"知己知彼，百战不殆"，作为投资者，不仅要知道股价未来的走势怎么判断，还要知道别人心里会怎么想。

假如所有人都看好一只股票，认为它至少还有50%的涨幅，那么会怎么样？显然没有人愿意卖了，在这种情况下，如果主力手上也有了足够的筹码，那么就会动用大资金来顶涨停板，连续顶几个一字涨停板，直到目标价为止，让散户们都买不到。假如主力还没吃够筹码，筹码全在散户手里呢？主力当然会毫不留情地把股价砸下去，边砸边散布一些利空消息，砸到看好的人都怀疑人生，砸到没有人看好，交出筹码为止。

我们先来讲一些笔者的投资经验。在笔者初入股市时，只要哪只股票一发布券商的研报，"推荐买入"，第二天十有八九都是跌的，渐渐地，所有人都对券商研报嗤之以鼻，也就是说大家对研报的预期被驯化、被统一了，一看见研报就认为是"骗我接盘"，赶紧卖出。后来，天风证券的研报如有神助，把新股佳禾智能（300793）从28元开板一路"吹"到了45元；广发证券在华天科技（002185）7元左右便不断发研报鼓吹华天科技能涨到10多元，后来其股价最高涨到了17.48元。如果不是巧妙地利用了投资者对研报的习惯性预期，让他们不断"下车"，恐怕这两只股票需要花更多的时间洗盘才能拉升得这么流畅。

以龙虎榜为例,我们知道,一家公司如果收盘后龙虎榜显示机构席位大买几亿元,代表机构特别看好,因此散户在看到这种龙虎榜后,持股者会继续坚定持股甚至加仓,除非第二天的走势特别差,而没有"上车"的投资者只要有机会就会买入,因此第二天的走势很可能是高开高走涨停,甚至一字涨停。对于机构来说,完全可以利用这种预期继续拉几个涨停板进行短线的套利。

再以新股为例,对于新上市的公司,网上能搜集到的信息就那么多,因此大家对新股的认识、预期几乎都差不多。中签新股后应该什么时候卖呢?有点经验的股民都知道,哪天不涨停了哪天就卖,因此新股开板当天的换手率、成交量通常很大。细心的投资者不难发现,新股开板后最常见的走势无非就是几种情况,要么一字涨停板往下杀,高开低走,只有少数新股在收盘前还能回封;要么竞价小幅低开或者高开后,全天维持震荡,少数有资金青睐的股票会被拉到涨停。

那么问大家一个问题:如果你中了新股,在哪种情况下会卖?你不知道没关系,我来告诉你,一字板炸板是一定要卖的,而如果竞价开出来不是涨停,大多数人会选择再看看,如果股价是高开秒板基本就没人卖了。因此,我们可以看到很多新股开板后继续涨停的案例,游资、机构就是利用了持股者的这种心理预期,即只要股价收盘还是涨停的,那么当天就没有卖出的理由,只要短线介入的资金愿意做多,由于持股者的筹码被涨停板稳住了军心,股价很容易就能继续涨停,直到下一次开板为止。

进阶篇

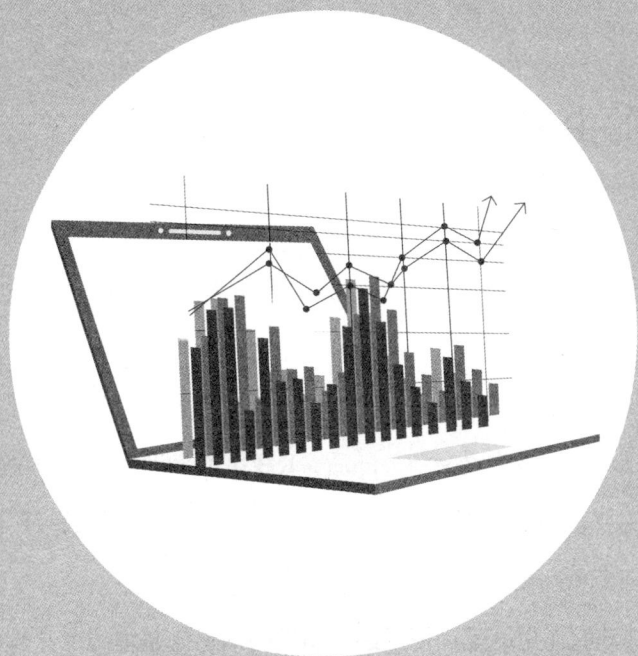

第五章

简单的技术分析

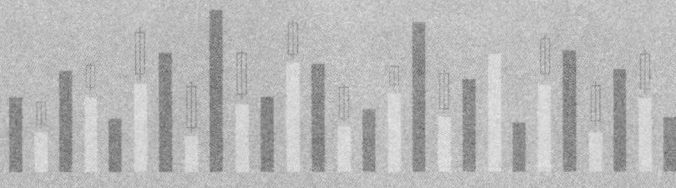

K线的由来

K线图技术（又称蜡烛图技术、阴阳图技术等）起源于18世纪日本大米市场。

1990年，美国人史蒂芬·尼森将日本的K线技术分析方法引进西方，被西方金融界誉为"K线技术之父"。随后，K线风靡全世界，成为金融市场技术分析的核心方法。经过数百年来的发展，K线技术分析方法已经广泛应用于股票、期货、外汇和期权等证券市场。

K线最基础的作用就是运用了通俗易懂的图形完整地记录了股市每日的行情，并且能够以周期形式将每一日的价格变化记录下来，使得人们可以观察到一日、一周、一个月甚至数年的股价走势，为股票未来的走势提供具有参考性的分析依据。

认识K线图

图5-1是K线的基本形态。K线有三个基本要素：实体、上影线和下影线。

最高价 上影线 最高价

收盘价 开盘价

实体 实体

开盘价 收盘价

下影线

最低价 最低价

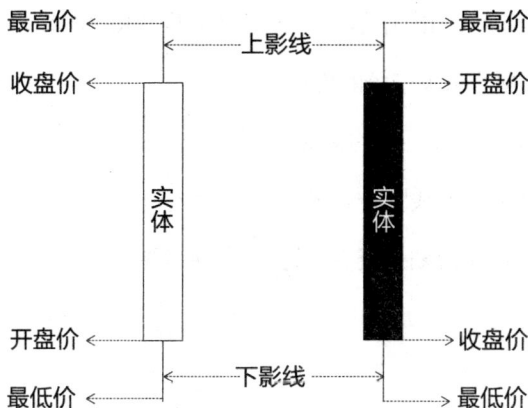

图5-1 K线图基本要素

实体部分代表开盘价和收盘价之间的部分，开盘价可以在实体部分顶部，也可以在底部，同时，收盘价也是相对变化的。由于开盘价与收盘价的相对高低造成了两种局面，为了能够生动形象地表示，实体部分存在两种状况：一种是实体部分为红色或空白，代表阳线；另一种是实体部分为绿色或黑色，代表阴线。

阳线的收盘价高于开盘价，表示周期内的价格是上涨状态。在炒股平台上，阳线的实体一般表现为红框空心矩形。

阴线的收盘价低于开盘价，表示周期的价格是下跌状态。在炒股平台上，阴线实体一般表现为绿框实心矩形。

除了实体外，K线还有上影线和下影线。实体上方的细线是上影线，实体下方的细线是下影线。上影线的最高点代表某时期该股票的最高价，下影线的最低点，代表某时期该股票的最低价。不过，并不是所有的K线图都有影线，当阳线的收盘价或者阴线的开盘价就是最高价的时候，K线图就没有上影线；当阳线的开盘价或者阴线的收盘价就是最低价的时候，K线图就没有下影线。

K线图直观、立体感强、信息量大。由于K线图能够将每天中的每个时刻或某一周期内的股价实况完整地记录下来，因此通过研究和分析K线趋势走向规律能够分析出很多股价的内在信息，这也就催生了K线图技术，指运用单一或多个K线图组合来预测未来市场的价格变化。

不同的时间维度对应不同的K线图，不同使用者可根据自己的股价分析需求选取不同时间维度的K线图进行分析。一般来说，长期投资者会选择月线图或者年线图，而一些超短期投资者会选择5分钟线图或者15分钟线图等。

常见的K线形态

股票在涨跌的过程中会出现各种各样的形态，初学者尤其喜欢听别人讲形态并将其作为买卖股票的依据。不过，在学习形态之前大家一定要想清楚，并不是说股票一旦出现某个形态，就能像集齐龙珠召唤神龙一样推动股价往目标价位前进，而是有资金在买卖才会在形态上留下痕迹，资金推动才是股价涨跌的根本，因此对形态的分析一定要结合成交量进行。技术分析不可刻舟求剑，天底下没有两个一模一样的K线形态，同一种形态，在不同的位置、不同的大环境下走势也会不同，同时，形态看涨或看跌也不意味着股价一定会这么走，形态只是一个大概率，只有结合其他信息综合分析得出的结论才会更准确。

常见的K线形态有反转形态、整理形态、突破形态。

反转形态

1. 头肩顶

头肩顶是最常见的反转形态之一。头肩顶是在上涨行情接近尾声时的看跌形态，图形由左肩、头部、右肩及颈线构成，如图5-2所示。

图5-2 白酒概念2020年9月至2021年2月K线图

当主力把股价拉升到一定涨幅之后，便会开始规划如何顺利地出货，毕竟"一切拉升的最终目的都是出货"。一肚子货的主力肯定不可能直接按核按钮出货（短线票跌停出货是有可能的，因为对短庄、游资来说短期获利丰厚，即使这样也能赚钱），这样会把股票走势砸崩，引起市场的注意，再也没人来接盘。

因此，在最初的主升段，也就是量升价涨，越来越多的资金来接力导致股价加速上涨时，主力一边跟媒体商量着传播利好消息，一边看有没有买盘跟风，下方一旦有买盘出现，他们就迅速成交，偷偷摸摸出货。然而买盘是有限的，等想"上车"的投资者都"上了车"，却发现股价开始涨不动了，他们自己有一部分也形成了卖盘，再加上主力早就开始偷偷摸摸叛变了，于是卖盘开始占据上风。也正因为想"上车"的都已经"上了车"，所以这时候的回调成交量会是缩小的（成交量的形成需要有人卖且有人买），这就形成了头肩顶的左肩。

　　然而对于主力来说，还有部分货没有出干净，等股价自然回调一段距离，卖压渐渐变小后，主力甚至会再用小部分资金继续拉升股价，营造出还会再涨一波的气势。我们知道，在左肩的时候想"叛变"的投资者已经跑得差不多了，留下来的都是坚信股价能创新高的，那么他们的筹码在这段上涨中就会比较稳定，而"下车"的这些投资者往往是追涨杀跌成习惯的（从他们的操作就能看出来），因此在看见股价继续拉升时又会形成新的买盘助推股价，当股价到达顶峰时成交量也会变得巨大，那是主力将最后的货成功出清的象征，之后股价便开始下跌，形成头肩顶的头部。

　　当股价自由落体跌至左肩的低点附近时，懂技术分析的投资者会在此处形成一致的心理预期，即股价会获得支撑继续上涨。因此，套牢的投资者在这里会选择再等一等，而场外持看好态度的投资者会在这里买入，因此推动股价进行一波反弹，然而由于主力已经出完货了，显然最后这段上涨的成交量不可能高于头部的成交量，场外投资者零散的买盘无法对抗沉重的套牢盘让他们解套，因此这段反弹很快就会告一段落，股价会重新开始"自由落体"，跌至左肩与头部两处回调的低点的连线处（此条线称为颈线），形成右肩。股价一旦有效跌破右肩，也就意味着之前买入的投资者全部被套，此后股价很可能加速下跌。

　　因此，我们可以总结一下头肩顶形成的条件或特点。

　　（1）股价必须先经过一波强劲的上涨，随着成交量的扩大，之后进行缩量回调，形成左肩。

　　（2）形成左肩后股价继续上涨并突破左肩高点，同时成交量与左肩的上涨基本持平或放大，之后的缩量回调将股价带回前一波回调的低点附近，形成头部。

（3）第三波上涨成交量显著低于之前的成交量，且股价在到头部的顶点前就开始回落，形成右肩。

（4）最后一波跌势跌破颈线3%左右，且之后的反弹都无法站回颈线，称为确认或突破。其中，任意一个阶段的缺失都会影响该形态的预测价值。而股价一旦确认跌破颈线，最小跌幅就是从跌破颈线处的价格，减去头部到颈线的距离。

图5-3是包钢股份（600010）2006年11月到2009年5月的一段周K线图，图中展示了一个标准的头肩顶形态。首先，股价前期经过了很大一段涨幅；其次，左肩处的拉升是放量的，而调整是缩量的；最后，左肩上涨至头部的成交量与左肩处的上涨基本持平，而右肩的反弹未过前高且成交量进一步缩小。因此，最晚当股价跌破颈线时就该离场，之后股价短暂反弹碰到颈线则是最后的离场机会。

图5-3 包钢股份周K线图

我们再来测算一下股票跌破这个头肩顶后至少会跌到哪里。头肩顶的顶部价格是3.72元，减去颈线2.08元即1.64元，右肩低点的价格2.43元减1.64元等于0.79元，事实上，这波包钢股份最低跌到了0.69元。一定会有读者认为这个价格只是凑巧而已，并质疑此类技术分析的科学性，然而他很难找出一个特例来推翻。事实上，只要一个形态完美满足了头肩顶的形成条件，也就预示着主力庄家已经出完货了，那么在之后没有外力的情况下，又加上所有人都是套牢的，则会形成多杀多①的局面，股价阴跌不止，直到股价跌到一个极具吸引力的位置，才会有资金开始承接，等到股票再次形成一个同等级别大的底部形态之后，股价才有条件重拾升势，也就是人们常说的"同级别的顶部必须有一个同级别的底部与之对抗"。

可以看到，形成一个头肩顶一般需要较长时间，因此用周线更容易辨认出其形态，然而当我们看过许多K线图后就会发现，在A股真正标准的头肩顶其实出现得较少，原因很简单，任何人都知道这是头肩顶，跌破后会很惨，还会有人接盘吗？然而是不是对头肩形态的辨认就没用了呢？显然不是。通过对头肩顶形态背后的主力资金出货思路的分析，我们同样可以理解其他顶部形态形成的逻辑，即出货需要时间，出货会改变买卖双方力量的强弱，出货会在形态上留下痕迹，同级别的顶部，必然要有同级别的底部与之对抗才有条件反转。借助以上思路，读者接下来便可以轻易理解双顶、圆弧顶、复合顶等顶部结构，亦可以用类似的方法来测算最小跌幅。

2. 头肩底

头肩底就是头肩顶倒过来的一种形态。需要注意的是，头肩顶的右肩需要缩量，而头肩底的右肩需要放量。头肩底的形成需要经过以下阶段。

---

① 投资者普遍认为股价将上涨，于是争相买入，然而股价却没有如期上涨，因此失望的多头们又竞相卖出，造成股价大幅下挫的情形。

（1）价格已经走完一段比较大的跌势，成交量明显放大，之后进行一波小反弹，其成交量低于之前下跌时的水平，形成"左肩"。

（2）股价再次往下跌，跌破左肩的底部，但成交量一般低于左肩下跌时的水平，之后股价再次反弹，高度高于左肩底部，成交量可能会增加，形成"底部"。

（3）股价再次下探，但不会跌破底部最低点，成交量一般达到最低水平，形成"右肩"。

（4）最后，价格放量站上颈线约3%，之后的回踩也不会跌破颈线，称为"确认"或"突破"。

由此可见，除了形态相反外，头肩顶和头肩底的另一个区别就是成交量的不同。人们常说，上涨突破需要放量，而下跌突破却不需要成交量，其根本原因就是，在顶部如果主力货出得差不多了，不需要成交量股价的下跌也是真的。而底部主力要想做多就必须拿真金白银吃光之前的套牢盘，否则底部是否成立仍值得观察。因此，出现头肩顶时，哪怕下跌时成交量再小投资者也必须及时离场；而头肩底中，如果向上突破没有伴随成交量的放大，要么这种突破是假的，要么之后还需要回踩颈线作进一步确认，或者走出一个整理形态继续消化套牢筹码后才有可能继续上涨。

图5-4为上证指数2010年5月至10月的一段走势。需要注意的是，虽然左肩处的下跌并未明显放量，但是前面我们也论述过，下跌中放不放量都是有效的；在底部的位置成交量已经缩到了极致，说明投资者在此处已经绝望；随后的反弹量升价涨，明显可以看到资金开始进场做多，但是这里资金选择承接筹码而不是直接拉升，从而形成了一个较宽的右肩，右肩处的最后一波下跌成交量明显缩小；很快指数便开始上攻，10月8日指数跳空高开，高开高走站上颈线并且成交量明显放大，此时投资者应该跑步进场，而不是犹豫不决，因为就算有小概率突破失败，你的止损位置是颈线，离你的成本只有一点点空间。第二

天，指数再次跳空，成交量继续放大，至此这个头肩底的突破得到确认，这波上涨的目标点位是2713+（2700-2319.74）=3093.26，因此普通投资者只要学会最基本的技术分析，就能确定一些更加合适的卖出时点。

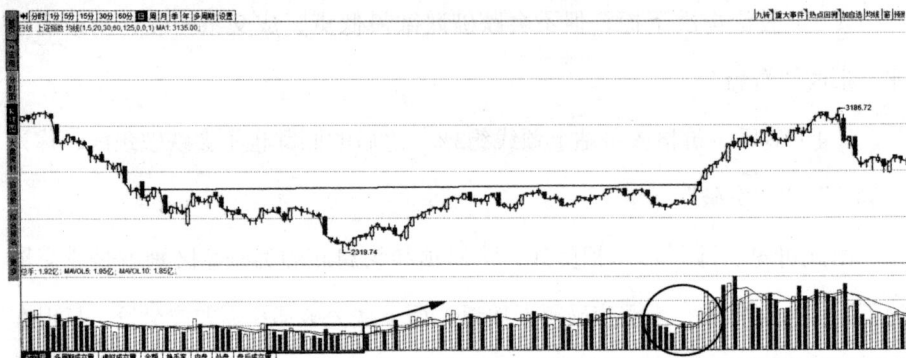

图5-4　上证指数2010年5月至10月的日K线图

3. 圆弧顶

圆弧顶指K线在顶部形成的圆弧形状。圆弧顶形态比较少见，圆弧顶形态代表趋势平缓地、逐渐地变化。

让我们来设想这样一种情况：同样是股价经过一波上涨后，主力开始出货，然而因为买盘很足，这次主力出货的意图很坚决，并不想出一段，拉一波再出。于是，当主力的卖盘出现，股价的上涨趋势开始减缓，从急涨变成慢涨。等买盘渐渐变弱，多空双方的实力近乎持平，股价开始横盘。最后，当买盘所剩无几，越来越多的投资者见股价滞涨开始出逃，卖盘渐渐战胜买盘造成股价走势反转，形成一个圆弧形态，直至图穷匕见，所有投资者都看出这是一个圆弧顶的时候，股价开始加速下跌。圆形反转形态体现了一个多空双方不断拉锯，最终一方胜出造成趋势反转的过程。

圆弧顶的下跌也不一定会见到明显的成交量变化，在股价构筑圆顶期间，成交量往往较大而无规律。图5-5为汽车整车板块的日K线图，可以看到，汽车整车板块经过一波上涨后，形成一个小的圆弧顶，当股价跌破圆弧顶，并且同时跌破上升趋势线后，板块开始加速下跌。那么，下跌空间在哪里呢？根据技术分析，当一个重要的支撑位被跌破以后，股价就会到下一个支撑位置寻求支撑，可以看到上一个支撑位就在前一波上涨前突破的压力位，如图中的长横线所示。因此，板块调整到此处时得到了短暂的支撑，然而这并不意味着投资者可以在此处抄底，理性的投资者应当等待至少出现一个与圆弧顶同样级别的底部结构后再考虑要不要进场。

图5-5　汽车整车板块日K线图

4. 圆弧底

与圆弧顶类似，圆弧底的形成就是一个买盘逐渐战胜卖盘的过程。当股价经历了一波惨绝人寰的下跌后，投资者普遍已经绝望，抛压逐渐减小，成交量也逐渐萎缩，尽管在这个位置左侧抄底的人很少，但股价的跌速明显放缓，表现在K线图上就是K线慢慢走平。到了最低点，多空力量达到均衡，成交量极度萎缩。之后，买盘开始增多，股价逐渐上涨，吸引更多买盘进场。最后，股价一举突破底部，成交量爆发，直至达到顶点。

　　图5-6为兖州煤业（600188）2013年2月到2015年8月的周K线图。可以看到，股价从17元腰斩后，横盘了一段时间再次加速下跌，此段下跌已经基本没有成交量了，说明大部分投资者已经绝望，即使套牢也不愿意割肉。随后K线开始走平，底部出现明显放大的成交量，且上涨放量，下跌缩量，说明有资金进场做多，随着一根放量长红K线突破圆弧底，股价开始加速上涨，最高涨至16.71元。需要注意的是，突破圆弧底形态后的涨幅一般要明显高于底部到颈线的距离，且形成底部的时间越久，涨幅越大，也即人们常说的"横有多长，竖有多高"。据笔者观察，圆弧底的最低点，加上颈线的长度，就可算出近似的目标价。其中的逻辑跟头肩形态类似：作为主力，如果花了这么长时间横盘吸筹，那么肯定要拉到一定的涨幅才能弥补时间成本。一般来说，圆弧底多形成于大周期循环的底部，个股可能由于质地优良被错杀，或者因为前期陷入困境，之后基本面发生根本性改善从而脱离底部。

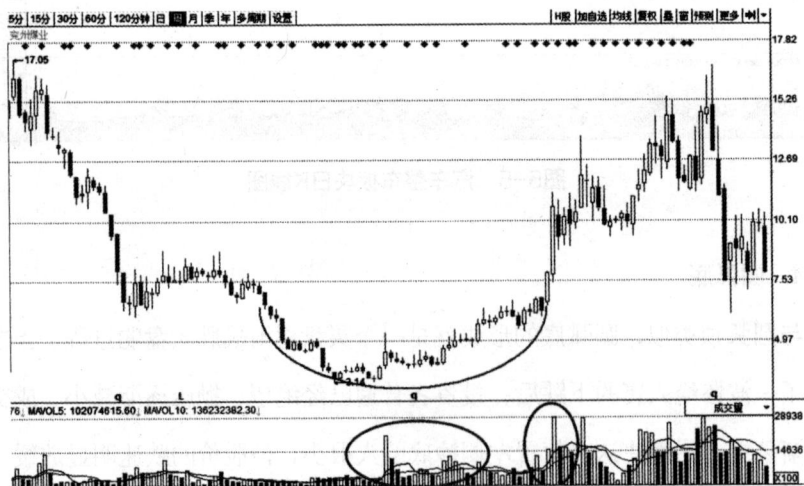

图5-6　兖州煤业周K线图

5. 双顶（M头）、多重顶

相信对于双头、M头这样的词语，就算股市新手也耳熟能详，并且完全能够凭名字就辨认出其K线形态。

以有色冶炼加工板块2009年到2012年的周K线图为例，如图5-7所示，板块在经历一波上涨后，成交量放出天量并且K线开始出现反转信号，随后的下跌成交量逐渐缩小，短暂止跌企稳后有资金进场做多，然而指数再次上涨到前期高点附近回落，并且这波上涨成交量明显不够。因为第二波上涨没有突破前高，因此不能看作头肩顶。感兴趣的投资者当然可以凭心情为之命名，"双顶""三重顶""山字顶"都可以，重要的是如何通过形态及成交量的变化感知背后的资金运动，当指数往下跌破这一顶部后，往下至少还有500点的空间。

图5-7　有色冶炼加工板块周K线图

整理形态

除了顶部、底部反转形态外，股价在运行的过程中，最常出现的就是整理形态。任何股票都不可能不歇息地只往一个方向运行，因此股价在一段趋势中间经常伴随停顿、休息的形态。例如，股价在一段上涨趋势中的回调、横盘整理，一方面，有部分资金获利了结；另一方面，主力需要震荡洗盘，等待下一段拉升的时间点。整理形态有三角形整理、箱体整理、楔形整理等，读者在学习时应仔细体会形态背后的意义。

1. 三角形整理

图5-8是煤炭开采加工板块2018年12月24日至2019年4月24日的日K线图，我们连接图中的两个高点和三个低点，形成一个对称三角形。

图5-8 煤炭开采加工板块2018年12月24日至2019年4月24日的日K线图

我们知道，两点可以确定一条直线，而两条不平行的直线在K线图上就可以确定一个三角形。在股价经过一段上涨或下跌后，很容易开始震荡整理，形成一个类似三角形的形态。在三角形收紧的过程中，股价波动不断变小，成交量也不断萎缩，越接近三角形的顶点，股价的波动区间就越窄，直至成交量萎缩至地量。为什么会这样呢？一种可能是股票暂时找不到方向了，可能因为一个利好的炒作已经结束，需要等待下一个利好出现；另一种可能是短期涨得太多，主力需要借此机会震荡一下清洗筹码。

那么，如何辨识三角形整理形态呢？要画出三角形的上边线，就要确认两个明显的短线高点，另一种就是说股价必须先涨至这两个高点再明显回落，让这两个顶部能够清晰地凸显出来。同样，要画出下界线，也需要先确认2个短线低点。也就是说，我们必须先确认4个短线的反转点，才能得出三角形正在形成的结论。

三角形整理意味着变盘信号，如果我们面对的是一个典型的三角形，那么接下来就进入了突破阶段。当股价放量跳出三角形区域后，之后的涨跌幅接近三角形态出现前的那波涨势或跌势。在图5-8中，随着三角形整理的振幅越来越小，成交量也越来越小，代表多空双方在这个位置达到了一种均衡，等待最后的方向选择。2019年4月1日板块跳空高开，高开高走并且放量（是不是似曾相识——前面上证指数成功突破头肩底也是同样的特征），确认突破三角形整理，因此投资者应迅速买入，此波上涨的最小目标点位是1165+（1203.942-1094）=1274.942，实际上最高涨至1365.389点。

需要注意的是，股价停留在三角形区域的时间越久，该形态的效力就越小。通常，股价在三角形起点至顶点的1/2到3/4处突破的效力最大。如果股价在超过这段距离的3/4处后还未突破，并继续在越来越窄的区间内盘整，那么盘整的态势很有可能持续至顶点，并在达到顶点后仍没有方向。倘若出现这种情况，那么最好就此放弃，另觅他途。

另外需要注意的一点是，在三角形态突破之前，我们有时需要修改上界线和下界线。如果沿着两个短线高点画出三角形上界线后，自下界线开始的第3波上涨突破了这条上界线，但止步于之前一个高点，且没有形成突破所需的成交量，那么我们需要重画上界线。当股价再次回落至三角区域内时，我们就应该连接第1个高点和第3个高点，画出一条新的上界线。

至于三角形整理后，股价究竟是向上还是向下突破，在突破发生之前K线图不会给出任何预兆。有时，你可以分析同一时期其他个股的走势图来推测可能出现的情况。但更多的时候，我们只能静观其变。三角形形态展现的其实就是市场的"决策过程"。在经历了疑惑、踌躇和等待的过程后，市场最终作出决定。

此外，三角形整理还可根据上下边线是否水平细分为上升三角形和下降三角形。上升三角形即上边线水平，下边线斜向上的三角形，一般会向上突破；下降三角形则是下边线水平，而上边线斜向下的三角形，一般会向下突破。读者不妨自行尝试思考一下其背后的原因。

技术分析就是这么神奇。你可以说，技术分析通过理论影响了市场上所有技术派的心理预期，从而造成一达到目标价位就出现卖压的现象。也可以说，一家独大的主力庄家完全可以凭借资金实力"画出"假的形态，然后反技术分析而行之。然而在有效的市场，股价走势取决于市场合力而不是一家独大的情况下，技术分析确实是建立在前人数十年观察总结上的实用经验。

2. 箱体整理

箱体整理又可称"矩形整理"，与"双底""M头"类似，都是很常见并且很好辨识的整理形态。个股或指数在箱体整理时，几乎每次涨到一个价位便触顶回落，每次跌到一个价位便触底反弹，最高点的连线与最低点的连线几乎平行，形状像一个长方形，故称为箱体整理。

图5-9中，煤炭开采加工板块自2020年7月6日开始走出一个箱体形态。不难发现，箱体内成交量较前面的上涨和后面的突破都明显缩小，然而在箱体内，上涨是放量的，下跌是明显缩量的，再结合煤炭期货同时期内一路高歌猛进的走势，我们不难判断这个箱体一旦突破，方向大概率是往上的，因此指数

放量突破当天就是买入时机。而箱体顶也在指数成功突破之后由压力位转变为支撑位，在随后的回调中有力地支撑着板块。与三角形类似，突破箱体后的最小涨/跌幅也近似等于箱体上下边界的距离。

图5-9　煤炭开采加工板块2020年日K线图

3. 楔形整理

楔形与三角形很像，也是由两条收拢的直线界定，但区别是楔形的上下边线必须是同方向的，因此楔形可分为上升楔形和下降楔形。与上升三角形不同的是，上升楔形一般是看空形态，而下降楔形一般是看多形态。

我们来思考一下为何两个近似的形态会造成不同的结果：上升三角形的上边线是水平的，说明投资者在这个位置形成卖出的共识，而下边线是向上的，下边线的低点不断抬高，说明有资金在底部进行承接，因此当上边线抛出的筹码渐渐被吸收后，上升三角形后面一般会向上突破。上升楔形虽然低点也在抬高，但上边线是往上的，且斜率要小于下边线，这说明投资者并未形成在同一价位出货的共识，因此楔形形态是市场投资者自由交换筹码的形态，而上边线的斜率小于下边线，则代表往上的力度越来越弱，每一波的上涨都比上一波更无力，故最终趋势会反转向下。因此，上升楔形预示着一个越走越弱的趋势。而下降楔形则相反，代表卖盘在这个地方越来越弱，之后趋势往往会反转向上。

图5-10是比亚迪（002594）2020年4月至10月的日K线图，在股价经历一段涨幅之后，开始走出一个下降楔形整理形态，随着形态不断收窄，成交量越来越小。楔形的上边线斜率大于下边线，说明股价下跌的力度越来越弱，最后股价选择突破向上，稳健的投资者可在方向确定后择机入场。

图5-10　比亚迪2020年4月至10月的日K线图

突破形态

1. 老鸭头

老鸭头形态是主力庄家建仓、洗盘、拉升的一种典型形态，因其形态类似一只鸭头而得名。其形成过程如下。

（1）5日线、10日线放量上穿60日线后，形成鸭颈部。

（2）股价涨至一定程度回落调整时，形成股票的鸭头顶。

（3）股价调整一段时间后再次放量，突破鸭头，形成张开的鸭嘴。

完美的老鸭头需要满足的条件是，鸭颈成交量越大越好，鸭头圆润，鸭头往下调整的空间要小，最好是缩量，鸭嘴张开时必须放量，角度越大越好。图5-11以华天科技的老鸭头为例进行了说明：鸭颈连续放量显示主力建仓，鸭头圆润代表这个位置主力在承接筹码，调整缩量并且空间没有超过前面大阳线的底部，且远离60日线，最后鸭嘴大张，展现了主力资金运作的整个过程。需要注意的是，一个完美的老鸭头形态突破后，后续涨幅往往很可观，而当股价形成连续的老鸭头，要比单个老鸭头爆发力更强、涨得更久，这代表主力在拉升的过程中不断洗盘，直到后面出现连续放量的大阳线才见顶。

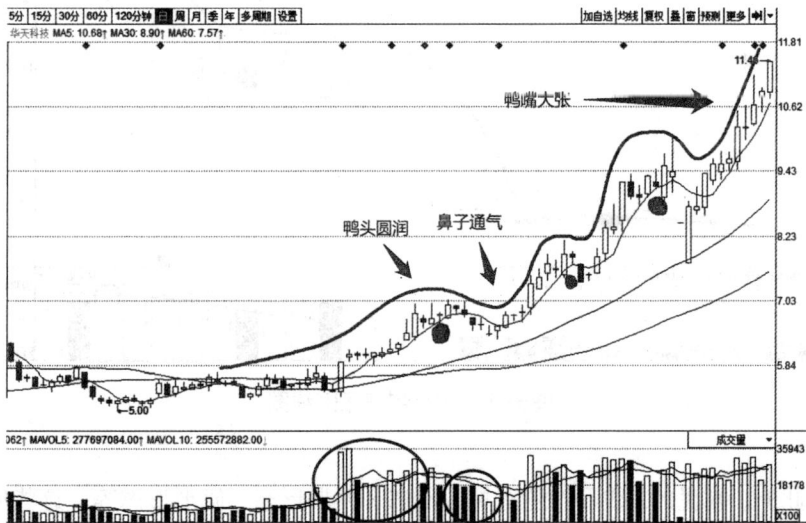

图5-11　华天科技日K线图

2. 美人肩

美人肩，望文生义，就是K线形态与美人的肩膀一样。其实，美人肩形态跟老鸭头很接近，区别就是美人肩形态股价的初段上涨会更凌厉，上涨后的调整幅度更小，几乎以横盘代替调整。美人肩形态的本质就是主力极其看好这个标的，不愿股价回落变成其他投资者低吸的筹码，当筹码经过换手后主力直接放量突破拉升，开启走强之势。图5-12中，中能电气2020年10月26日的大阳线就是突破标志，然而需要注意的是，也正因为美人肩第一波的上涨太凌厉，股票会吸引来很多短线资金，同时操盘主力也大概率是做短线的，因此其形态效力要比老鸭头弱，常常会有假突破。

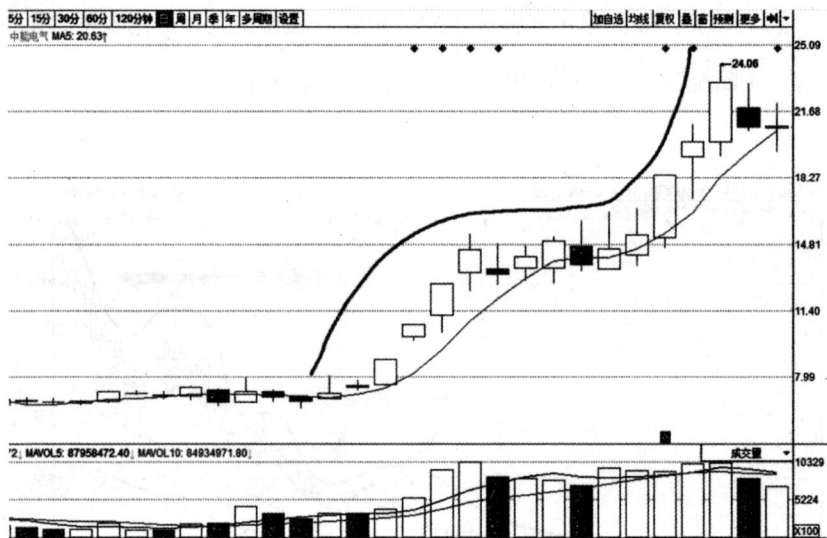

图5-12　中能电气日K线图

此外，常见的K线形态还有扩散形态、菱形形态、旗形形态等。这些形态更为复杂，且不像前文那些形态对股价的走势有一定的预示，感兴趣的投资者可以自行研究。

▮▮ 经典技术指标介绍

1. 均线

均线，即移动平均线（MA），是以道·琼斯的"平均成本概念"作为理论依据，采用统计学中"移动平均"的数学原理，将某一段时期内股票的价格加以平均，把得出的平均值连成一条曲线。也就是说，均线可以用来记录或解释股票价格的历史波动情况，分析市场参与者的平均成本，并且根据这些参与者平均成本曲线变化的趋势，估算未来趋势可能出现的套利机会。因此，均线作为一种技术分析方法，有两个作用：揭示市场参与者在某阶段的平均成本，测算价格走势可能出现的趋势。

移动平均线在投资实战中具有很重要的意义，很多市场主力把移动平均线当作观察市场成本、做多做空的一个主要指标。因此，散户须对移动平均线有个全面的了解。概括来讲，移动平均线具有以下几个特点。

（1）追踪趋势：如果从股价的图表中能够找出上升或下降趋势线，那么，MA的曲线将保持与趋势线方向一致，能消除中间股价在这个过程中出现的起伏态势。

（2）滞后性：股价原有趋势反转时，由于MA追踪趋势的特性，MA的行动往往过于迟缓，调头速度落后于大趋势。

（3）稳定性：因为MA的变动不是一天的变动，而是几天的变动，一天的大变动被几天一分摊，变动就会变小而显不出来。

（4）助涨助跌性：当股价突破MA时，无论是向上突破，还是向下突破，股价有继续向突破方向再走一程的趋势，这就是MA的助涨助跌性。

（5）支撑线和压力线的特性：MA的上述4个特性使得它在股价走势中起支撑线和压力线的作用。

一般而言，移动平均线的计算方法就是求连续若干天的收盘价的算术平均，天数就是MA的参数。10日的移动平均线常简称为10日线，同理有5日线、20日线等。通常情况下，移动平均线通过计算周期的长短来划分。均线可分为：短期均线，有5日均线、10 日均线、20日均线；中期均线，有30日均线、60日均线；长期均线，有120日均线、250日均线；等等。这些不同周期的均线构成不同的均线交易系统，构成判断短期、中期和长期趋势的主要依据。图5-13是一些不同周期的均线图。

图5-13　周期均线

2. 指数平滑异同移动平均线指标——MACD

MACD指标又叫指数平滑异同移动平均线，是由查拉尔·阿佩尔（Gerald Apple）创造的，是一种研判股票买卖时机、跟踪股价运行趋势的技术分析工具。其实质是根据均线的构造原理，对股票价格的收盘价进行平滑处理，求出算术平均值以后再进行计算，是一种趋向类指标。它与均线相比有两大优势：一方面去除了移动平均线频繁发出假信号的缺陷；另一方面保留了移动平均线的效果。因此，MACD指标具有均线趋势性、稳重性、安定性等特点，是用来研判股票买卖时机，预测股票价格涨跌的技术分析指标。

在 MACD指标窗口中，我们可以看到两条曲线，它们分别是 DIFF 线与 DEA 线，DIFF 线是快速移动平均线 EMA1（时间周期多设定为12日）与慢速移动平均线 EMA2（时间周期多设定为26日）的差值，它可以有效地呈现两条均线的分离程度及位置关系。DEA线是基于 DIFF 值而计算得出的移动平均线，是对DIFF线进行的一种有效平滑处理。在使用时，依据 DIFF 线的运行方式及 DIFF 线与 DEA线之间的位置关系、交叉关系来展开实盘操作，如图5-14所示。

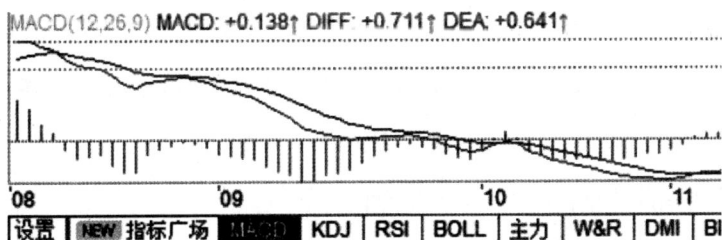

图5-14　MACD指标

投资者在运用MACD指标时，应把握好以下几点。

（1）当DIFF线向上突破DEA线时是买入信号；DIFF线向下跌破DEA线时只能认为是回档，以获利了结。DIFF线和DEA线均为正值时，属于多头市场；均为负值时，为空头市场。DIFF线向下突破DEA线时是卖出信号；DIFF线向上突破DEA线时只能认为是反弹，可做暂时补空操作。

（2）当MACD线和DIFF线都在0轴线以上时，说明买方力量强，投资者不可猛追；当MACD线和DIFF线都在0轴线以下时，说明市场抛盘压力大，投资者应适当购入，待股价上涨时再抛出。

（3）当MACD线和DIFF线都即将向上越过0轴线时，说明行情好转，可适当建仓。当MACD线和DIFF线都即将向下接近0轴线时，说明市场抛盘压力大，可以考虑平仓。如果DIFF线和MACD线向上突破0轴线空间很大，说明买盘很大，此时散户注意不要贪心，要适当控制购股节奏。如果DIFF线和MACD线向下跌破0轴线空间很大，说明卖盘很大，散户要考虑股价底线可能来临了，应考虑低价购进一些股票。

（4）若MACD线与市场背驰，即市价一浪高于一浪，而MACD线反而一浪低于一浪，可视为市势见顶的先兆，有一定的参考价值；若MACD线与市场背驰，即市价一浪低于一浪，而MACD线反而一浪高于一浪，可视为市势见低的先兆，有一定的参考价值。

（5）MACD线除了用于确认中期涨势或跌势之外，也可用于判别短期反转点。可观察DIFF线与MACD线两条线间纵向垂直距离的直线柱状体。当柱状线由大变小时，即卖出信号；当柱状线由小（负数的最大）变大时，即买入信号。散户可由此依据直线棒去判断短期的反转点。

（6）指数平滑异同移动平均线须配合其他技术指标和股市的其他因素共同研判来决定投资行为。当MACD线与K线图的走势背离时，应该视为股价即将反转的信号，必须注意盘中走势。

（7）MACD线可自动定义出目前股价趋势是偏多还是偏空，可避免逆向操作的危险。在趋势确定之后，则可确立进出策略，避免无谓之进出次数，或者发生进出时机不当之后果。MACD线虽然适于研判中期走势，但不适于短线操作。再者，MACD线可以用来研判中期开始与结束的上涨或下跌行情，但对箱形的大幅振荡走势的盘面并无价值。同理，MACD线用于分析各股的走势时，较适用于狂跌的投机股，对于价格甚少变动的所谓牛皮股则不适用。

3. 随机指标（KDJ）

KDJ指标又叫随机指标，是一种相当新颖、实用的技术分析指标，一般用于股票分析的统计体系。根据统计学原理，通过一个特定的周期（常为9日、9周等）内出现过的最高价、最低价及最后一个计算周期的收盘价及这三者之间的比例关系，来计算最后一个计算周期的未成熟随机值RSV，然后根据平滑移动平均线的方法来计算K值、D值与J值，并绘成曲线图来研判股票走势，如图5-15所示。

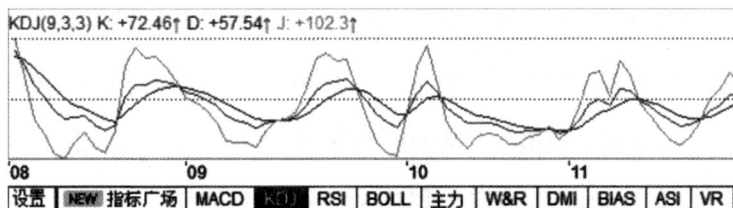

图5-15 KDJ走势

那么，利用KDJ指标判断行情走势的原理是什么呢？我们来分析一下：KDJ是以最高价、最低价及收盘价为基本数据进行计算，得出的K值、D值和J值分别在指标的坐标上形成的一个点，连接无数个这样的点位，就形成了一个完整的、能反映价格波动趋势的KDJ指标。其主要是利用价格波动的真实波幅来反映价格走势的强弱和超买超卖现象，在价格尚未上升或下降之前发出买卖信号的一种技术工具。它在设计过程中主要是研究最高价、最低价和收盘价之间的关系，同时也融合了动量观念、强弱指标和移动平均线的一些优点，因此，能够比较迅速、快捷、直观地研判行情。而由于KDJ线本质上是一个随机波动的观念，故其对于掌握中短期行情走势比较准确。

在实践运用中，前文已经说过，KDJ指标由K线、D线和J线共同组成，因此，我们需要重点关注这三条线的走势及关系。首先，K值、D值和J值的取值范围都是0～100：当K、D、J的值在20日线以下为超卖区，视为买入信号；K、D、J的值在80日线以上为超买区，视为卖出信号；K、D、J的值在20日线与80日线之间为徘徊区，投资者应观望。在KDJ指标中，当J线和K线几乎同时向上突破D线，形成的交叉即金叉；当J线和K线几乎同时向下突破D线，形成的交叉即死叉。根据金叉和死叉出现的位置不同，其盘面意义也不同。

（1）低位金叉：股价大幅下跌运行到低位，KDJ线在20日线附近徘徊形成金叉，股价放量向上突破中长期均线时，说明行情即将逆转，此时的KDJ金叉就是低位金叉，投资者可考虑买入，如图5-16所示。

（2）中位金叉：当股价经过一段较长时间的中位盘整期，KDJ线在50日线附近徘徊形成金叉，股价放量向上突破中长期均线，说明行情可能转强，此时的KDJ金叉就是中位金叉，中短投资者可建仓介入，如图5-17所示。

图5-16　低位金叉示意　　　　图5-17　中位金叉示意

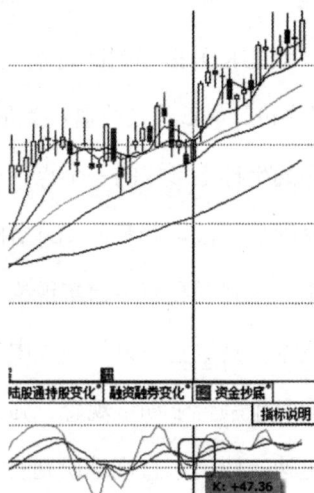

（3）高位金叉：当股价大幅上涨后在中高位盘整，KDJ线处于80日线附近徘徊形成金叉，并伴随放量，说明股市处于强势之中，股价短期内将再次上涨，此时的KDJ金叉就是高位金叉，短线投资者可参与获利，如图5-18所示。

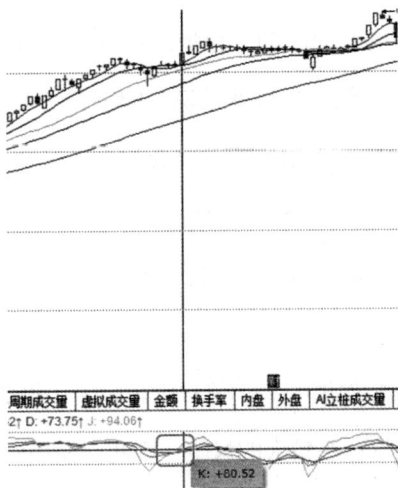

5-18　高位金叉示意

（4）中位死叉：当股价经过较长时间的下跌后，股价反弹在中长期均线下方受阻，KDJ曲线向上未突破80日线，最终在50日线附近徘徊形成中位死叉，说明行情处于极度弱市，股价将继续下跌，投资者应离场观望。

（5）高位死叉：当股价大幅上涨运行到高位，KDJ曲线处于80日线附近形成死叉，同时股价向下跌破中短期均线，说明上涨行情即将结束。此时形成高位死叉，投资者应逢高卖出。

但是，利用KDJ指标作为投资分析指标时需要注意，随机指标虽然克服了移动平均线系统的收盘价误区，但它本身还有难以克服的缺陷和局限。因此，在利用随机指标来决定股票的投资策略时，应该注意以下几个问题。

第一，股价短期波动剧烈或者瞬间行情幅度太大时，KDJ信号经常失误，也就是说，投机性太强的个股KD值容易高位钝化或低位钝化。此外，随机指标对于交易量太小的个股不是很适用，但对于绩优股准确率很高。同时还应该注意，随机指标提供的股票买卖信号均有或多或少的死角发生，尤其是个股表现受到基本面、政策面及市场活跃程度的影响时。在任何强势市场中，超买超卖状态都可能存在相当长的一段时期，趋势逆转不一定即刻发生，即随机分析所能得出的最强信号之一是偏差。也就是说，K值在80以上时股价还有可能进一步上升，如果投资者过早地卖出股票，将会损失一些利润；K值在20日线以下时，股价还有可能进一步下跌，如果投资者过早地买进股票有可能被套，此时KDJ指标参考价值降低，投资者应该因时因势分析，同时参考其他指标与随机指标结合起来使用。

第二，因为随机指标提供的买卖信号比较频繁，投资者仅依据这些交叉突破点来决定投资策略依然存在较大的风险。因此，使用K、D线时，要配合股价趋势图进行判断。当股价交叉突破支撑压力线时，若此时K线、D线又在超买区或超卖区相交，KD线提供的股票买卖信号就更为有效。而且，在此位上K线、D线来回交叉越多越好。

第三，当K值和D值上升或下跌的速度减弱，倾斜度趋于平缓是短期转势的预警信号。这种情况对于大盘热门股及股价指数的准确性较高，而对冷门股或小盘股的准确性较低。

第四，KDJ指标比RSI准确率高，且有明确的买、卖点出现，但K线、D线交叉时需注意"骗线"出现，主要是因为KDJ指标过于敏感且此指标群众基础较好，所以经常被主力操纵。

第五，K线与D线的交叉突破在80日线以上或20日线以下时较为准确。当这种交叉突破在50日线左右发生时，表明市场走势陷入盘局，正在寻找突破方向，此时，K线与D线的交叉突破所提供的买卖信号无效。

4. 布林线（BOLL）

布林线由约翰·布林（John Bllinger）创造，是利用统计学原理求出股价的标准差及其信赖区间，从而确定股价的波动范围及未来走势。布林线指标是利用波带显示股价的安全高低价位，因此称为布林带，其上限范围不固定，随着股价的滚动而变化：当股价涨跌幅度加大时，带状区变宽；当股价涨跌幅度减小时，带状区变窄。因为具有灵活、直观和趋势性的特点，BOLL指标已成为市场上广泛应用的热门指标。

在BOLL指标中，股价通道的上下轨是显示股价安全运行的最高价位和最低价位。上轨线、中轨线和下轨线都可以对股价的运行起到支撑作用，而上轨线和中轨线有时则会对股价的运行起到压力作用。当布林线的上轨线、中轨线、下轨线几乎同时处于水平方向横向运行时，则要看股价目前的走势处于什么样的情况。图5-19为BOLL走势图。

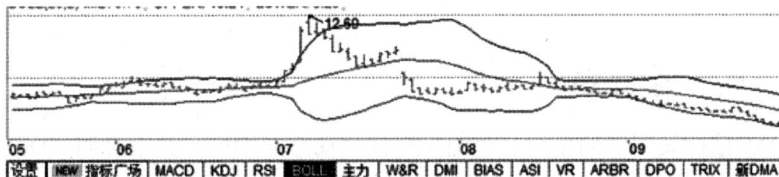

图5-19　BOLL走势

（1）BOLL线上轨线形成压力。在BOLL指标中，上轨线就相当于股价前行过程中的压力线，只是这条压力线为曲线而非直线，每当股价运行到BOLL指标上轨线附近时，就有可能发生回调。

（2）BOLL线下轨线形成支撑。在BOLL指标中，下轨线就相当于股价下跌过程中的支撑线，只是这条支撑线为曲线而非直线，每当股价运行到BOLL指标下轨线附近时，就有可能发生反弹。

BOLL指标开口变小代表股价的涨跌幅度逐渐变小，多空双方力量趋于一致，股价将会选择方向突破，开口越小，股价突破的力度就越大。最佳的买入时机是在股价收量向上突破，布林线指标开口扩大之初，如图5-20所示。

图5-20　BOLL线喇叭走势示意

5. 趋向指标（DMI）

DMI指标又叫动向指标、趋向指标或移动方向指标，其全称叫"Diretional Movement Index"，由美国技术分析专家威尔斯·威尔德（J.Welles Wilder）所创造，是一种中长期股市技术分析方法。

DMI属于趋势判断的技术性指标，其基本原理是通过分析股价在上升及下跌过程中供需关系的均衡点，即供需关系受价格变动影响而发生由均衡到失衡的循环过程，从而提供趋势判断的依据。DMI指标把股价每日高低波动的幅度因素计算在内，从而更加准确地反映行情的走势及更好地预测行情未来的发展变化。DMI指标共有PDI[①]、MDI[②]、ADX、ADXR4条线，也是它的4个参数

①PDI：图中的 DI1。
②MDI：图中的 DI2。

值，分为多空指标（PDI、MDI）和趋向指标（ADX、ADXR）两组指标。图5-21
为DMI指标的走势。

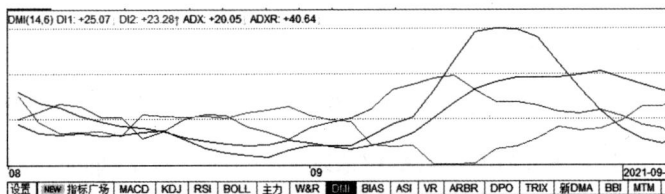

图5-21　DMI指标的走势

在对该指标实践运用时，上升指标PDI和下降指标MDI的应用法则如下。

（1）当股价走势向上发展，PDI上升，MDI下降。因此，当图形上PDI从
下向上递增交叉MDI时，形成金叉，表明市场上有很多买家进场，为买入信
号。如果ADX伴随上升，则预示着股价的涨势可能更强劲。

（2）当股价走势向下发展，MDI从下向上递增交叉PDI时，形成死叉，表明
市场上做空力量在加强，为卖出信号。如果ADX伴随上升，则预示跌势将加剧。

（3）当股价维持某种上升或下降行情时，PDI线和MDI线的交叉突破信号
相当准确，但走势出现牛皮盘整时，PDI和MDI发出的买卖信号视为无效。在
DMI指标中，ADX为动向值DX的平均数，而DX是根据MDI和PDI两数值的差
和对比计算出来的百分比。因此，利用ADX指标将更有效地判断市场行情的发
展趋势。

第一，用于判断行情趋势：当行情走势由横盘向上发展时，ADX值会不断
递增。因此，当ADX值高于前一日时，可以判断当前市场行情仍在维持原有的
上升趋势，即股价将继续上涨。如果MDI和PDI同时增加，则表明当前上升趋
势将十分强劲。

①当行情走势进入横盘阶段时，ADX值会不断递减。因此，判断行情时，

应结合股价走势（MDI线和PDI线）进行判断。

②当行情走势由盘整向下发展时，ADX值会不断递减。因此，当ADX值低于前一日时，可以判断当前市场行情仍维持原有的下降趋势，即股价将继续下跌，如果MDI值和PDI值同时减少，则表示当前的跌势将延续。

第二，用于判断行情是否盘整：当市场行情在一定区域内小幅横盘盘整时，ADX值会出现递减情况；当ADX值降至20以下，且呈横向窄幅移动时，可以判断行情为牛皮盘整，上升或下跌趋势不明朗，投资者应以观望为主，不可依据MDI线和PDI线的交叉信号来买卖股票。

第三，用于判断行情是否转势：当ADX值在高点由升转跌时，预示行情即将反转，可分为在涨势中的ADX值在高点由升转跌预示涨势即将告一段落和在跌势中的ADX值从高位回落预示跌势可能停止两种情况。

6. 相对强弱指标（RSI）

RSI是根据特定的时期内股价的变动情况推测价格未来的变动方向，并根据股价涨跌幅度显示市场强弱的技术分析指标。

与移动平均线的使用方法一样，可以通过多条RSI曲线来判断市场行情，参数小的RSI称为短期RSI，参数大的RSI称为长期RSI。当短期RSI曲线在长期RSI曲线上，此时买方势力比较强，行情短期看涨；当短期RSI曲线在长期RSI曲线下，此时卖方势力比较强，行情短期看跌。图5-22为RSI指标的走势。

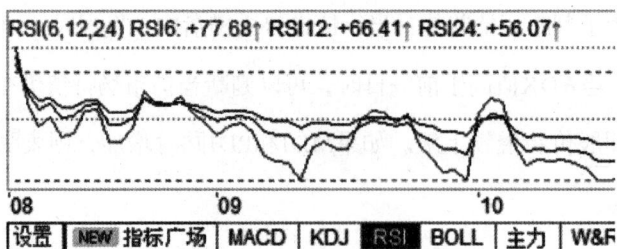

图5-22　RSI指标的走势

RSI的参数是天数，即考虑的时期长度，一般有 5日、9日和14日等。但要注意的是，这里的5日与MA（移动平均线）中的5日线是不同的，MA中必须是连续的5日，而RSI中不一定是连续的。图5-22为相对强弱指标在盘面中的表现形式。

投资者在实践运用RSI指标时，需把握好以下几点。

（1）在股市的长期发展过程中，绝大多数时间相对强弱指数的变化范围为30~70，其中又以40~60的机会最多，超过80或者低于20的机会较少，而出现机会最少的是高于90及低于10。因此，RSI 非常适合股票的短线投资，被广泛应用于股票的测量和分析中。

（2）当RSI值超过80时，则表示整个市场力度过强，多方力量远大于空方力量，双方力量对比悬殊，多方大胜，市场处于超买状态，后续行情有可能回调或转势，此时，投资者可卖出股票。当RSI值低于20时，则表示市场上卖盘多于买盘，空方力量强于多方力量，空方大举进攻后，市场下跌的幅度过大，已处于超卖状态，股价可能反弹或转势，投资者可适量建仓。

（3）盘整阶段，RSI值一底比一底高，表示多头强势，后市可能再涨一段；一底比一底低，是卖出信号。如果市场处于盘整阶段，而RSI线已经走出整理形态，则价格有可能突破整理区域。

（4）RSI线处于高位并且一峰比一峰低，而此时市场价格一峰比一峰高，这叫顶背离；RSI线处于低位并且一底比一底高，而此时市场价格一底比一底低，是为底背离。当RSI线与K线背离时，一般为转势的信号。

（5） RSI图形的下降趋势线呈15~30时，技术上的压制意义较强，如果趋势线的角度太陡，则可能会很快被突破，失去阻力作用；RSI图形的上升趋势线呈-15~-30时最具支撑意义，如果支撑线的角度太陡也将很容易突破。

（6）RSI值还经常被用于确认一个新的趋势是否形成，这一点可以通过观察RSI值是处于50之上或之下来实现。如果想确认当前趋势是否为一个新的上涨趋势，那么确认RSI值处于50以上；如果想确认当前趋势是否为一个新的下跌趋势，那么确认RSI值处于50以下。而且，为了避免假信号，散户可以等待RSI值上穿50以确认趋势成立。

（7）由于RSI设计上的原因，RSI在进入超买区或超卖区以后，即使市势有较大的波动，而RSI变动速率渐趋缓慢，波幅越来越小，即出现所谓的钝化问题。尤其是在持续大涨或大跌时，容易使买卖操之过急。

需要说明的是，对于超买超卖区，投资者应根据市场的具体情况而界定。在一般情况下，RSI值在80以上就可以称为超买区，20以下就可以称为超卖区。但有时在特殊的涨跌行情中，RSI的超卖超买区要视具体情况划分。比如，在牛市中或对于牛股，超买区可定为90以上，而在熊市中或对于熊股，超卖区可定为10以下（这点是相对于参数设置小的RSI值而言的，如果参数设置大，则RSI值很难到达90以上和10以下）。此外，投资者应该看出采取不同的时间参数，RSI给出的结果就会不同。实践证明，投资者可以在价格变动幅度较大且涨跌变动较频繁时，将RSI参数设定得小一点；在价格变动幅度较小且涨跌变动不频繁时，将RSI参数设定得大一点。

需要提醒投资者的是，RSI反映价格变动的4个因素分别是上涨的天数、下跌的天数、上涨的幅度和下跌的幅度，而由于它对价格的4个要素都加以考虑，因此在市场走势预测方面的准确度较为可信。同时，投资者通过RSI能够较清楚地看出市场何时处于超买状态和超卖状态，从而较好地把握买卖时机。不过，任何分析工具都有其局限性。RSI只能是从某一个角度观察市场后给出的一个信号，所能给投资者提供的只是一个辅助的参考，并不意味着市场趋势就一定向RSI预示的方向发展。尤其是在市场剧烈震荡时，投资者还应参考其他指标进行综合分析，不能简单地依赖RSI的信号来作出买卖决定。

7. 容量指标（VR）又叫成交量比例指标

容量指标是指将某段时期内股价上升日的交易金额加上1/2日内股价不涨不跌的交易额总计，与股价下降日的交易额加上1/2日内股价不涨不跌的交易额总计相比，反映股市交易量强弱的指标。图5-23为VR指标在盘面中的表现形式。

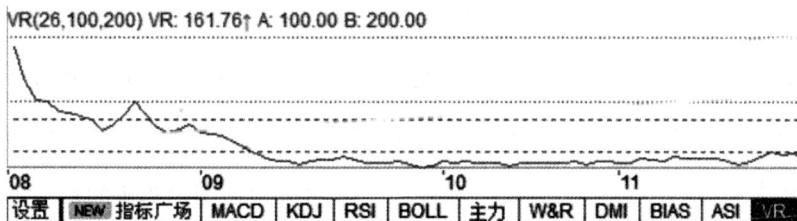

图5-23　VR指标的走势

容量指标的计算公式如下。

$$VR=（n日内股价上升日交易金额总计+1/2日内股价不变交易金额总计）÷（n日内股价下降日交易金额总计+1/2日内股价不变交易金额总计）×100$$

其中，n的数值在分析软件中是默认的。

投资者在实际应用VR指标作投资分析时，需要掌握以下几点。

（1）一般建议投资者将VR值划分为下列几个区域，根据VR值大小确定买卖时机：低价区40~70，可买入；安全区80~150，可持有股票；获利区160~450，根据情况可获利了结；警戒区450以上，可择机卖出。

（2）当成交额萎缩后又放大，而VR值也从低位区向上递增时，行情可能已起动，是买入的时机。

（3）当VR值在低价区增加，股价牛皮盘整时，可考虑择机买入；当VR值升至安全区内，而股价牛皮盘整时，一般可持股不动；当VR值在获利区增加，股价也在不断上涨时，应把握高位卖出的时机。

（4）VR指标在低价区域准确度较高，当VR>160时有可能失真，特别是在350~400的高档区，有时会发生将股票卖出后，股价仍继续涨的现象，此时可以配合心理线指标来化解疑难。另外，VR值低于40的形态，运用在个股走势上，常发生股价无法有效反弹的效应，随后VR值在40~60徘徊。因而，此种信号较适宜应用在指数方面，并且配合ADR、OBOS等指标使用效果非常好。

（5）在实战中，VR指标可以通过研判资金的供需及买卖气势的强弱设定超买超卖的标准，为投资者确定合理、及时的买卖时机提供正确的参考意见。但是，VR指标并不可以明确具体的买卖信号。

▮▮ 移动平均线怎么看

前文经典技术指标介绍中已提到均线，鉴于均线的特殊重要性，笔者在此对均线专门进行细致讲解，以便投资者在实战投资中利用好均线这一指标。

均线是什么

均线就是移动平均线的简称，它是由股价在若干交易日内的平均收盘价连接而成的平滑曲线。

常用的均线有5日线、10日线、13日线、20日线、30日线、60日线、72日线、250日线等。其中，5日线反映的是股价短期的趋势，有的超短线投资者往往会看3日线，甚至去看分钟K线进行交易；10日线至30日线反映的是中期的趋

势；60日线往上则反映了长期的大趋势。对短、中、长周期的理解和划分因人
而异，你也可以将30日线作为长期趋势线，因为对有些持股时间通常不超过一
周的交易者来说，30天已经足够称得上长期了。

均线既反映了一段时间内股价运行的趋势，又可近似看作这段时间内投资
者的持股成本，对分析股票走势具有重要的作用。只要你打开股票交易软件，
必然会看到K线、均线、成交量，因此在认识了K线形态之后，对均线的学习也
必不可少。

均线的设置与选择

股票交易软件默认会帮我们设置好要显示的均线，然而我们还需要根据具
体情况进行修改。系统默认显示的均线是5日线、10日线、20日线、30日线、
60日线甚至更多，我们可以在股票软件（以同花顺为例）上点击"均线"，然
后根据自己的需要设置显示不同周期的均线，以及显示均线的数量，还可以在
"风格设置"里修改均线的粗细、颜色等，如图5-24所示。

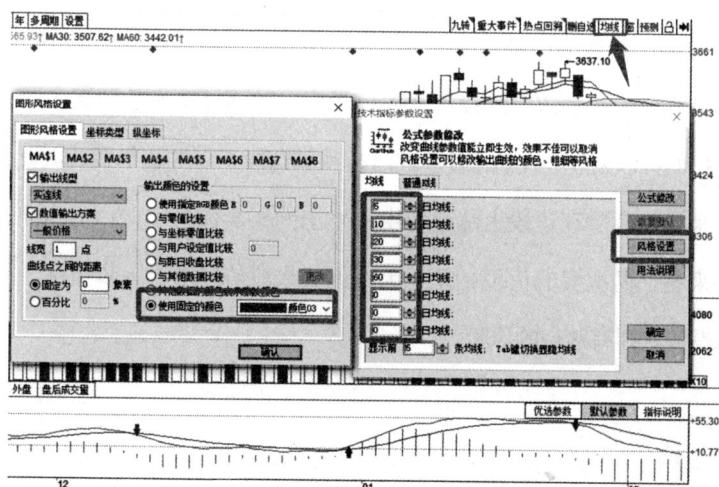

图5-24　均线设置界面

花点时间寻找适合自己的均线设置是有必要的。首先，想必大家都知道"大道至简"的道理，对于初学者而言，在一块屏幕上，既要看K线，又要看成交量，还要看那么多眼花缭乱的均线，本身简单的东西变得复杂了。

其次，天下没有免费的午餐，白送的东西往往不会那么好，如果大部分交易者用的是这几条均线，你也用这几条均线指导操作，又怎么能战胜大多数人呢？

再次，每只股票都有不同的主力，每个主力的操盘风格也各不相同，如果只看系统默认的几条均线，投资者经常会发现有时均线给出的支撑不给力，或者压力位容易被突破。

因此笔者建议均线显示设置不要超过3条，分别对应短期、中期、长期趋势。短期可以看3日线或5日线，中期看10日线、13日线或20日线，长期可以看60日线或者72日线，具体的设置看个人习惯与个股的适用性。例如，有的股票只要走出上涨趋势，就不会跌破13日线，那么13日线就是此股的中期趋势支撑线，而有的股票则用10日线或20日线更准确。

以领益制造2020年9月K线图为例（见图5-25），假如投资者准备在10日线、13日线中选择一条作为中期买卖依据。11月6号，也就是A点，股价跌破了10日线，以10日线作为交易依据的投资者应该卖出，然而接下来的两天，股价继续上涨。同时我们可以发现，A点的股价并没有跌破这段上涨的趋势线，因此10日线对这只股票来说，至少在这段上涨趋势中，发出的买卖信号不如13日线准。虽然从最终结果看，两次卖的价位相差不大，但如果股价能够进一步上涨，根据10日线交易的投资者则有踏空的风险。

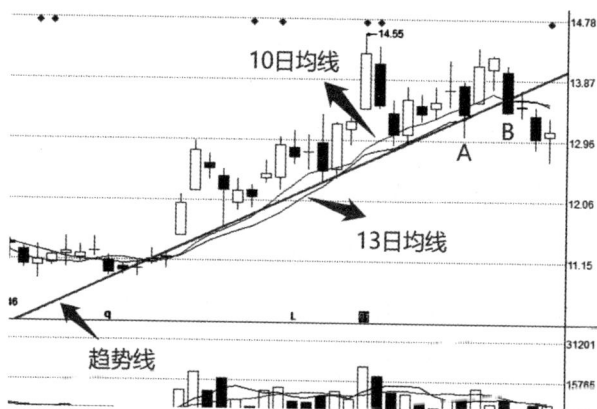

图5-25　领益智造日K线图

如何根据均线买卖

通过前文的案例大家不难发现，一句话来概括就是"站上线买，跌破线卖"。

首先请大家思考一个问题，前面说到均线可以近似看作不同持股者的持股成本，那么当股价突破均线，站上均线代表着什么？有的人可能会回答"买入信号"或者"庄家洗盘"之类的话，然而答案是，这代表着这段时间内买入的投资者总体上是赚钱的。如果股价站上5日线，则代表股价高于这5日内买入者的平均成本，那么5日内或者说短线投资者总体上都是赚钱的。以此类推，如果股价站上了所有短期、中期、长期均线，则代表几乎所有买入的投资者都是赚钱的，这就是透过K线与均线的关系得出的客观结论。由此提醒很多投资者注意，看盘需要去理解市场反馈的客观信息，而不是臆想出一些奇奇怪怪的结论。

接着我们来讨论，只考虑单根均线的情况。当股价站上均线，代表这些投资人都是赚钱的，那么他们会怎么操作？有人可能会回答"赶紧卖出"，因为经历过太多次赚了钱没有及时落袋为安，最后变成亏损的情况了。然而事实上，只有极少数投资者会在自己已经做对了一笔交易后匆匆止盈，除非见到明显的退场信号。买入的股票赚了钱难道不是代表自己做对了吗，既然自己做了对的交易，有什么理由不继续持有下去呢？对于理性的投资者来说，如果一笔交易已经产生了浮盈，往往会继续持股。例如，买入一只股票后已经有10个点的利润，那么除非利润跌到不足5个点，否则有什么理由慌忙卖出呢？难道看好一家公司的股票，就为了这么点儿利润，接下来又要继续花大工夫寻找下一家公司？

对于那些仓位尚未打满的投资者来说，股价突破均线是强势的表现，这类投资者会在股价刚突破，或者突破后回踩时加仓。对于尚未入场的投资者来说，相当一部分人看到想买的股票走势不错，会迫不及待地追涨，因为踏空比套牢更使人难受。因此，我们可以得出结论，当股价站上均线，所有人都是赚钱的，大多数人会在此时选择持股或择机加仓，少数人因为害怕涨势停止，或者因为后来才追买，成本远高于大家的平均成本，在这里会提前叛逃。总的来说，买盘的力量明显强于卖盘，因此在股价回落时往往会在均线处得到支撑。买入后的浮盈，加上股价回落时的支撑，为持股者带来了正反馈效应，因此持股者对股价的预期会得到加强，心态更加稳定，从而使得筹码更加稳定。

当股价跌破均线，则代表股价跌破了这段时间买入股票的投资者的平均成本，因此大多数人是亏钱的。当大多数人亏钱时，他们会怎么做？别人恐惧我贪婪，越跌越开心，明天卖房款到账用来加仓吗？极少数非理性的投资者可能会有这种想法。股价跌破成本就代表这笔交易已经做错了，既然做错了就应该及时改正，要考虑的是怎么将错误的交易合理地止损。因此，当股价跌破均线，理性的投资者会及时减仓或在股价反弹时减仓离场，形成卖压，少数投资者会在跌破均线以及跌破后反弹时舍不得减仓，然而对于"别人恐惧我贪婪"的人来说，只会在股价继续下跌的时候再加仓，因此股价在这种位置没有足够的买盘去对抗卖压，而当股价一旦选择继续向下后，之前不愿减仓离场的持股者，他们剩余的筹码便会形成恐慌盘砸出，账户的浮亏，加上反弹时的卖压，为套牢者带来负反馈效应。

以晨曦航空这段走势为例，图5-26中均线为5日线。首先，股价在平台震荡了几天后，均线开始走平（因为这几天股价横盘震荡，导致短线买入者成本都差不多），当A点股价跌破5日线，短线投资者变为亏损，股价开始往下。接下来的走势很明显，股价在下跌趋势中不断试图上去摸5日线，然而套牢盘一等反弹就急着卖出，导致5日线一直压制着股价。尽管中途短暂站上过5日线，但停留时间太短，短线的获利盘仍然无法支撑巨量套牢盘。后来，下跌趋势逐渐变缓，股价震荡了几天后在B点突破了均线（为什么这里的突破是有效的，因为出现了前面所说的同级别的底部与之前的顶部对抗），而成交量也明显放大，因此这是一个好的买入点。可以发现，当股价站上5日线，短线投资者全部获利后，买盘也就具备了对抗上方套牢盘的可能，之后每次股价回落到5日线时，都有资金去承接。直到C点，股价再次由高位滞涨状态跌破5日线，再次受到均线压制。尽管中途站上过均线，然而成交量过小，并且停留时间很短，又再度跌破5日线，因此始终没有出现买入的机会。

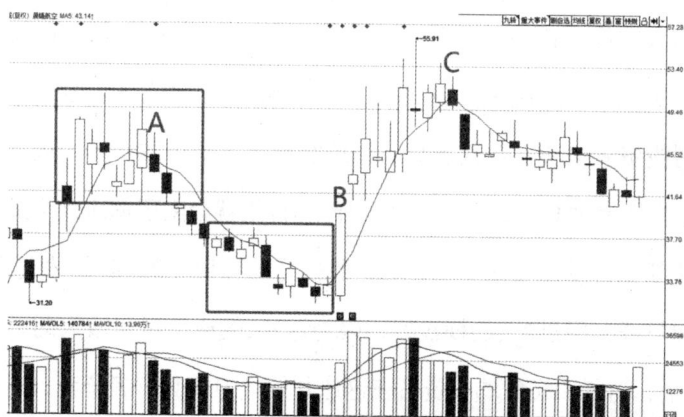

图5-26　晨曦航空日K线图

接下来我们讨论两条均线纠结的情况。以5日线和13日线为例，当股价站上5日线，却没有站上13日线时，又该如何判断？我们知道，此时代表5日内，即短期的投资者是赚钱的，然而中期投资者是亏损的。因此，当股价上涨时碰到13日线时，由于13日内买入股票的人要比5日内的人多，因此中期均线处的压力一般强于短期均线的上涨动力，在这个位置中期买入的投资者刚解套会形成卖压。另外，短期投资者往往是快进快出的，如果看到股价在中期均线处卖压沉重，就会选择减仓或落袋为安，因此这里面临着套牢卖压与短期获利了结的双重卖压，股价大概率要回调，直到5日线从下往上穿过13日线，即短中期投资者的平均成本到达同一水平后，中期卖压化解完毕，股价后面的上涨才会更加流畅。

让我们来看另一种情况：股价跌破了5日线，却没有跌破13日线，又该如何判断？股价跌破5日线代表短期投资者是亏钱的，然而中期投资者仍然是赚钱的，此时股价会面临5日内投资者的止损卖压，然而这部分投资者的数量要少于中期投资者。此外，场外投资者会选择在中期趋势线附近买入，因此中期支撑要强于短期卖压，在股价下探完中期均线后，大概率还会延续原来的趋势。

以兆易创新的这段日K线图为例（见图5-27），股价在5日线附近形成横盘震荡，所有人的成本都到了几乎同一水平，注意这时5日线和13日线已经快交叉，这代表短线、中线的投资者成本已经很接近了，于是A点股价跌破两条均线就很值得投资者警戒，这代表短、中期的投资者都将被套牢。接下来的走势很好理解，投资者被套后，每当股价反弹至5日线就会出现抛压。当成交量越来越小，大家都觉得没什么好卖了之后，股价开始反弹。B点股价站上了5日线，但没站上13日线，经过2天的横盘后，因为这2天的成交量是放大的，并且股价仍在5日线上，这说明短线的投资者在这边开始替中线套牢者解套，当股价同时站上2天均线，短期、中期的投资者都解套了，这时大家的成本也是差不多的。

C点股价再度回落至13日线和5日线交叉的位置，也就是大家的成本价附近，注意此时的成交量极度缩小，且股价在均线处成功受到了支撑，接下来的方向选择至关重要，因为此时股价、短线投资者成本、中线投资者成本又到了同一水平，股价向上还是向下直接决定了大家是一起"吃肉"还是一起"跳楼"。很幸运，从第二天起，大家一起吃到了肉。随后小部分短线投资者获利后选择了止盈，股价跌破了5日线，而中线投资者仍然是盈利的，因此D点股价跌至13日线处获得了支撑，后面虽然又跌破了一次，但第二天E点很快就被资金抢了上去，到了F点，同样的故事又发生了一次，短线卖出的人虽然有，但是其卖盘比起中线盈利的持股者、外面虎视眈眈等着回调买入的投资者的买盘，显然是小巫见大巫。

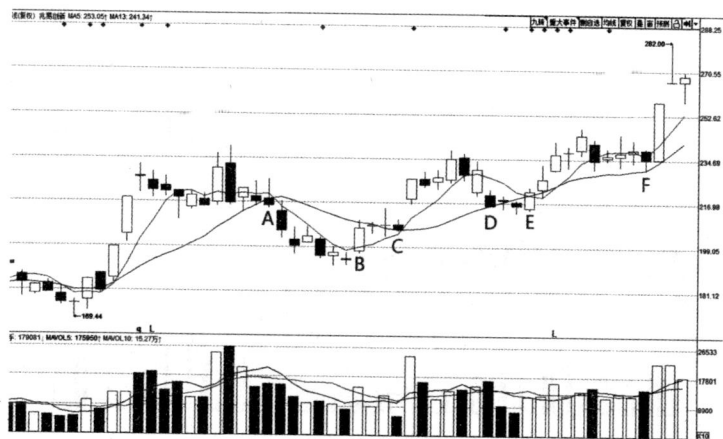

图5-27　兆易创新日K线图

量价关系基础

所谓成交量，就是个股在交易时间段内实际成交的数量，表现为K线图下方的柱子，如图5-28所示。成交额则是股票在交易时间段内实际成交的金额。成交量大称为巨量，成交量接近历史最高称为天量，相应地，成交量小称作微量、无量，成交量放大称为放量，反之叫缩量，成交量连续放大、股价阶梯式上涨称为堆量。成交量按周期可以分为日成交量，周、年成交量等。

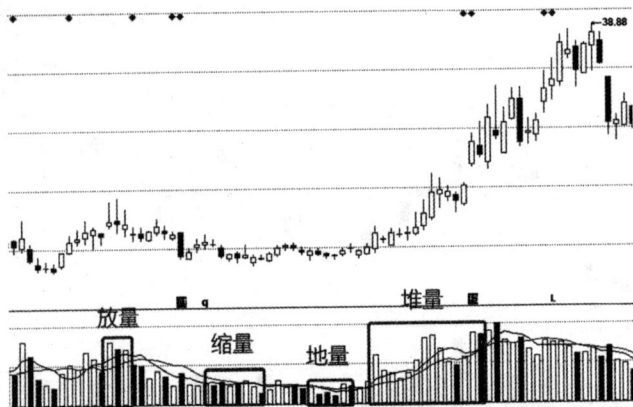

图5-28　荃银高科日K线图

需要注意的是，有买有卖才会有成交量，因此看到股价上涨时成交量却缩小，我们能片面地解读为"买盘不足"吗？显然不对，也有可能是筹码惜售。同样地，放量下跌虽然代表抛售股票的人很多，同样我们也要思考，这么多的抛盘又是被谁承接走了呢？因此，对成交量需要结合个股走势综合分析，不可刻舟求剑。

对于成交量，需要记住一句话："有量为真，无量为假。"即股价的上涨或下跌，如果伴随大的成交量，则说明大概率是真上涨或真下跌；如果对应的成交量很小，则很可能是假涨或假跌。之所以这里要用"大概率""很可能"等表述，就是因为前文所说需要具体情况具体分析。

当股价已经走过一段下跌趋势，此时若要反转上涨，必须有成交量的放大，放量代表买的人多（看好），卖的人也多（解套了走人）。既然能让之前买的人都解套，就说明资金继续看好后市。股价经过一段上涨趋势后，下跌却不一定要放量，这时的缩量下跌说明很多人被套了但是还舍不得卖，同时承接盘较少，也可能是主力的货出得差不多了。

我们来思考一个问题：假如你是主力，准备建仓一只股票，那么这只股票的成交量会如何变化？假如原先这只股票只有自然人每天交易，忽然多了个主力要吸纳筹码，那么主力必然要买买买，但是每天的卖盘就那么多，主力要想快速吃到筹码，买入的同时必然免不了会推高股价，因此成交量放大的同时会伴随股价的上涨。然而主力并不会满足于靠每天承接散户的卖盘吸筹，这样速度太慢了，因此主力吃到筹码后会利用一部分筹码来揉搓，制造分时、K线图的来回波动，以吸纳更多筹码。因此，之后股票的成交量会明显活跃起来。

以东华软件（002065）2019年下半年至2020年年初的一段走势为例，如图5-29所示。2019年10月28日，股价放量涨停，之后一段时间内成交量保持活跃，且上涨放量，下跌缩量。待主力建仓完毕开始拉升股价，此时成交量再上一个台阶，代表这个时候有新的买盘开始追涨，同时底部资金开始获利了结，至于是散户还是主力，我们暂时不知道。到了顶部区间后，可以看到，这段区间成交量仍然活跃，然而股价开始横盘，我们称之为"放量滞涨"，代表主力已经无心推高股价，原因是主力手中的货极有可能已经出得差不多了，此时投资者需要注意随时准备离场，因为一旦股价开始进入下跌趋势，上方的套牢盘将比较沉重。随后，当股价开始下跌时，成交量却是缩小的，此时我们能认为价跌量缩是假的吗？这里的量缩代表主力货出得差不多了，同时想买进的人都已经买进被套等着解套，因此这里的成交量是缩小的。

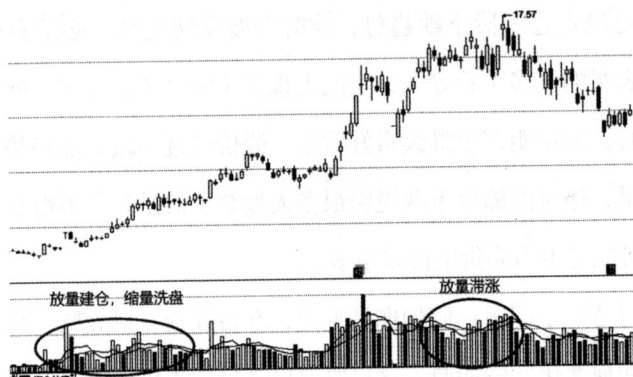

图5-29　东华软件2019年下半年至2020年年初的日K线图

ᗤᗤ 筹码分布基础

为什么筹码分布是重要的？筹码分布如何，在谁的手中，直接决定了股价能否上涨及涨幅的多少。主力运作一只股票分为以下几个阶段：第一阶段，当主力对一只股票完成建仓、吸筹后，筹码变得高度集中；第二阶段，主力迅速拉升股价，使股价脱离大多数人的成本，此时跟风盘还不多，底部筹码依然稳定；第三阶段，跟风接盘的人逐渐变多，主力开始出货，待筹码出得差不多了，最终集中在高位。需要注意的是，筹码分布仅仅是用来作为一个辅助工具，因为即使筹码从低位到了高位，也并不一定全是散户接了盘，如果有新的主力在高位接了盘，说明他可能看得更远，完全有可能再将股价拉升一波。

以"妖股"郑州煤电为例，如图5-30所示，在上涨趋势启动之前，股价一直在1.95元到2.4元横盘震荡，此时所有人的成本都差不多，筹码高度集中。

图5-30　郑州煤电筹码分布（一）

当主力吸纳了足够的筹码后启动拉升，连续4个涨停板后，如图5-31所示，底部的筹码仍然很稳定，因为大家的成本都很低，获利丰厚，会倾向于继续持股观望。

图5-31　郑州煤电筹码分布（二）

随着股价进一步拉升，底部筹码开始获利了结，转移给了高位接盘的人，大家的平均成本提高，筹码分布开始变得分散，股价的波动也开始变大，操作难度增大，这个阶段底部的筹码仍然没有出完，如图5-32所示。

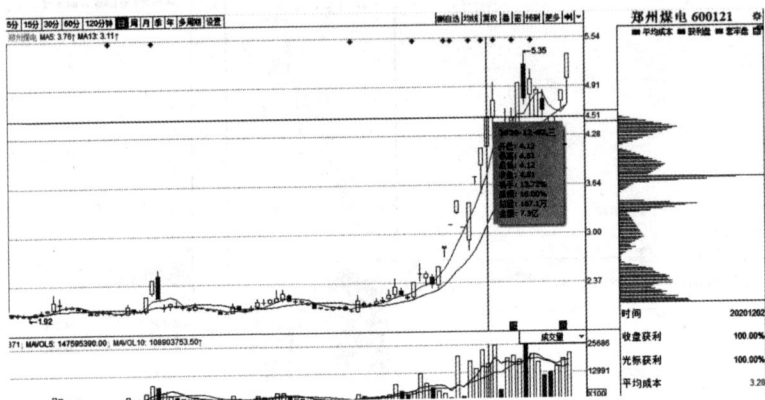

图5-32　郑州煤电筹码分布（三）

随着又一波拉升，底部筹码差不多出干净了，这时候筹码虽然集中在顶部了，但是集中度还是很高，并且所有人都是获利的，如果在高位接力的资金中有实力强劲的主力，那么股价还是有动力再往上进行新一轮攻势的，如图5-33所示。

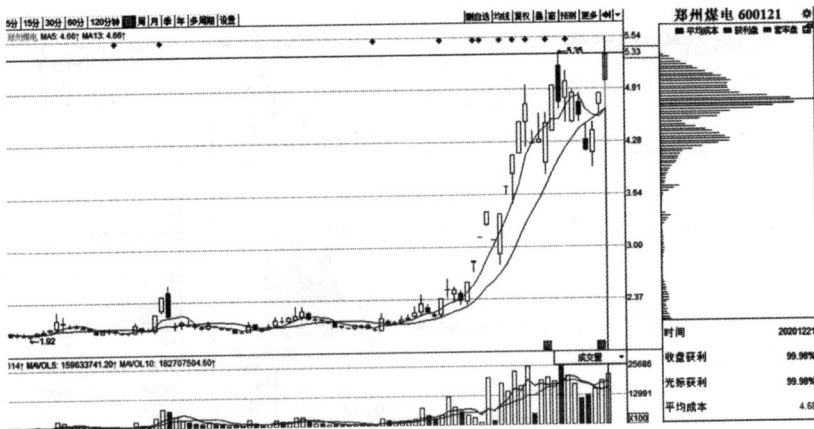

图5-33　郑州煤电筹码分布（四）

▎▎▎ 压力与支撑

支撑位与压力位是市场参与者对支撑与压力的共识，是资金买卖的结果。当股价跌到一定位置就有资金承接，形成支撑位；涨到一定位置就有资金跑路，形成压力位。

让我们设想这样的情况：当股价经过一波上涨后，看好却没有买入的投资者会懊悔不已，此后如果股价出现调整，他们就会迫不及待地买入，对股价形成支撑；而在最高点追进的投资者则陷入被套的状态后悔不已，当股价再次上涨到他们的成本时，就会赶紧卖出，对股价形成压力。因此，支撑与压力可以看作市场投资者对股价高估还是低估的一种共识。需要注意的是，压力与支撑是相互转换的，压力位一旦被突破并站稳，压力就转换为支撑（因为这时候想买的和卖了的都后悔了），同时股价就具备了继续挑战下一压力位的动能，而小级别的压力支撑位服从于大级别的压力支撑位，小级别的支撑位或压力位会让趋势停顿，而大级别的支撑位或压力位会让趋势反转。我们知道，两点就可以确定一条直线，趋势线既可以是连接一段走势中两个最明显的低/高点形成直线，也可以是某3个低/高点，不过通常认为连接的低/高点个数越多，趋势线的效力越强。

图5-34是容大感光的日K线图，可以发现这只股票的走势很有规律：先是在一个上升通道内运行，5月6日股价跳空高开，大阳线突破就是买入时机。随后股价又走出了一个箱体震荡，善于观察的投资者可在箱体内进行高抛低吸赚取差价。10月底，股价再次跌回到通道下沿，然而这次的反弹软弱无力，并且没有碰到箱体上沿就开始往下跌，反复测试着下沿的支撑。我们都知道"事不

过三"，人是经不起"测试"的，股票的支撑位也是如此，当一个重要的支撑位被考验了多次，那么其支撑效力就会变弱，因此第四次，股价终于跌破了支撑位，细心的投资者是能够提前发现这次异常，及早获利走人的。投资者可以用同样的方法对其他个股或指数的压力位和支撑位进行分析。

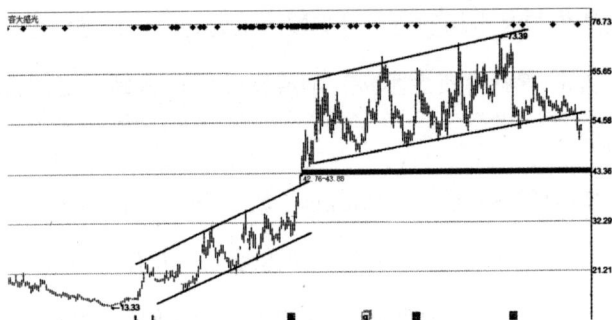

图5-34　容大感光日K线图

利用分时图把握日内高低点

分时图是指大盘和个股的动态实时走势图，其中白色的曲线，即走势蜿蜒起伏的那条，表示该股票实时成交的价格，黄色的曲线，即相对平滑的那条，则表示该股票即时成交的平均价格，即当天成交的总金额除以成交的总股数，也称分时均线。因此，当股价拉高而均线没有跟着拉高时，说明成交量不足。

分时图可以让我们看清当天每一笔交易的明细。分时图有很多经典的形态，对分时图有了一定的了解之后就可以通过日内分时把握股价的高低点进行短线套利。

一般情况下，股价高开高走、低开高走，并且放量上涨时不要轻易做空，如图5-35所示，此时手中有股的投资者应该继续持股不动，而准备建仓的投资者应当等待分时回落至均线附近时低吸买入。

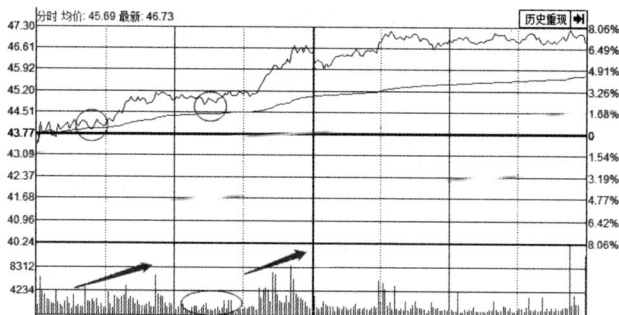

图5-35　航发动力分时图（一）

如图5-36所示，股价短时间内缩量拉高，但是远离均线太多，说明买盘没有跟上，并且拉高后卖盘源源不断，在这种情况下，股价缩量拉高是第一个减仓点，而股价跌破均线支撑是第二个减仓点，此后反弹不过均线仍视为弱势，是第三个减仓点。

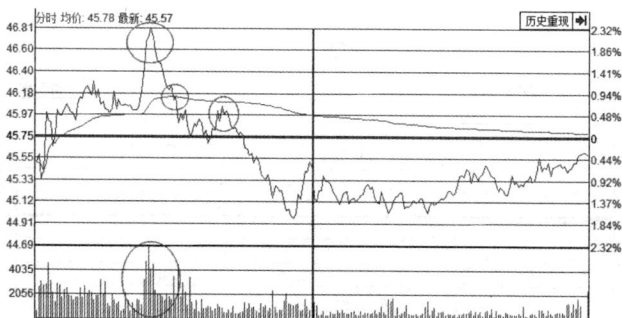

图5-36　航发动力分时图（二）

如图5-37所示，分时图急跌，并且远离均线，成交量缩小，此种情况大概率是洗盘，持股者不应恐慌抛售，而应等待反弹观察力度如何，准备买入的投资者可以择机低吸。当股价拉上均线后，成交量不足，因此仍视为震荡行情。第一波的拉升有成交量，但不够，因此股价回落至均线。第二波的拉升碰到前高，但是成交量反而缩小，形成"量价背离"，此时持股者应当及时减仓，而未买入的投资者不可追高。

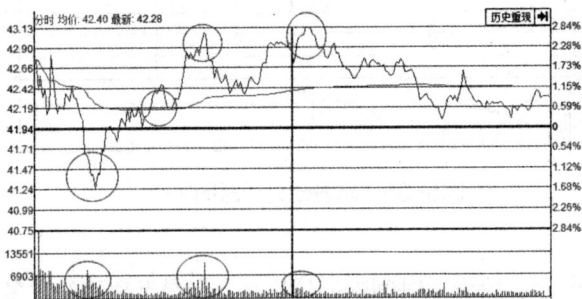

图5-37　航发动力分时图（三）

如图5-38所示，股价开盘便下杀，随后反弹拉起，但是两次反弹都没有过前高，此为弱势，因此反弹不过前高是第一个减仓点，随后股价再次跌破均线以及分时图上的小箱体下沿时，则是第二个减仓点。

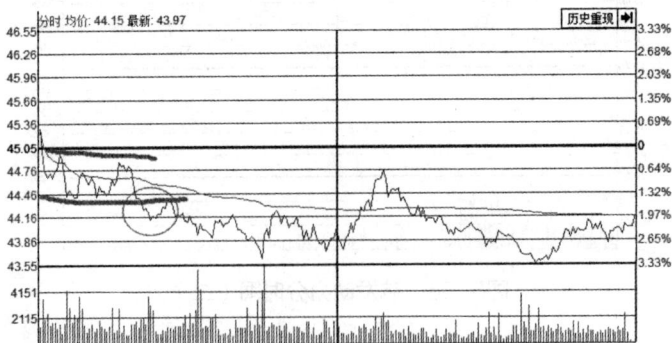

图5-38　航发动力分时图（四）

如图5-39所示，股价低开低走，放量杀跌，并且每一波的反弹均涨不过均线和前高，在这种情况下，出现任何反弹，持股者都应该及时离场以减少亏损，而未买入者不要轻易抄底。

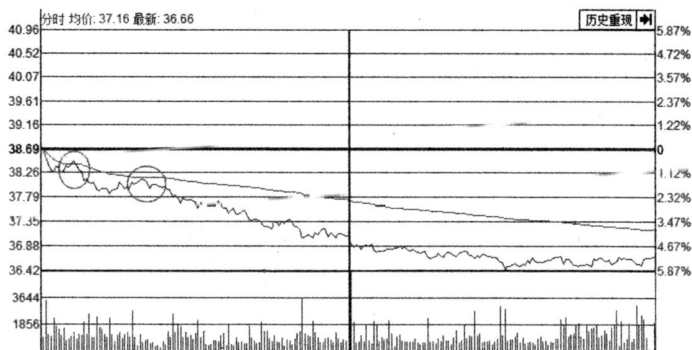

图5-39　航发动力分时图（五）

K线形态、趋势线、压力支撑在分时图里也同样适用，如图5-40所示。分时图价格横盘震荡了一上午，走出了一个三角形整理形态，因此下午开盘后股价放量向上突破时即短线买入机会。

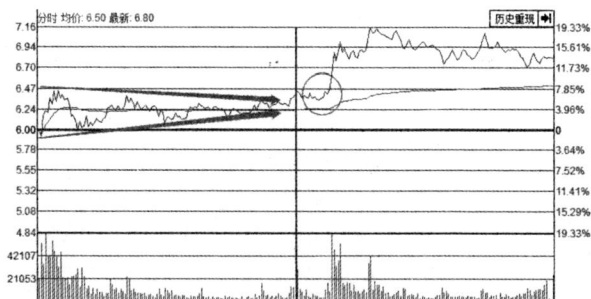

图5-40　神农科技分时图

需要提醒的是，股价的分时图虽然有规律可循，但是个股的走势更多的还是受板块以及大盘的影响，因此投资者需要结合板块和大盘综合分析才能提高交易胜率。分时图的走势也只是用来做日内的高抛低吸的，波段投资者、长线投资者则没什么必要看分时图。对于短线投资者来说，想要运用分时图高抛低吸还是相当有难度的，因为股票的即时走势千变万化，除了理论的学习外，投资者还需要多看多练，才能增强盘感。

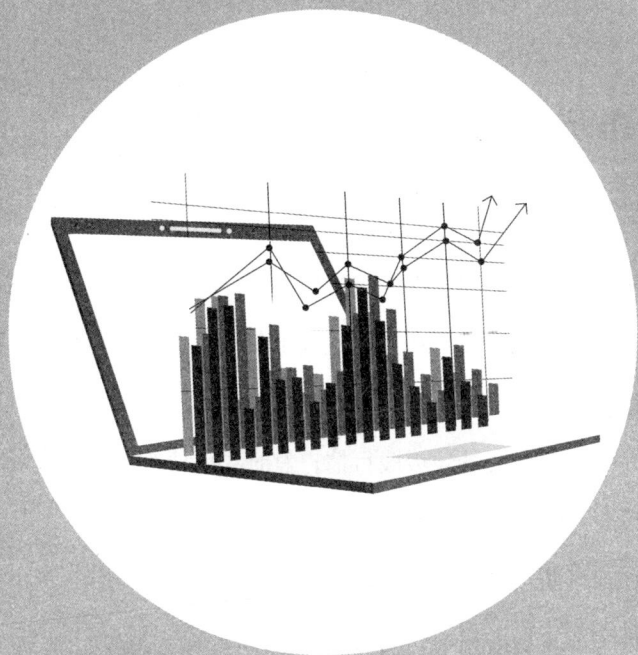

第六章

选股的一些技巧

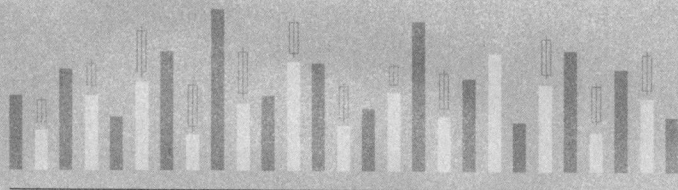

┇┇ 根据市场行情趋势选股

　　市场处于不同的阶段，炒作的风格也是不一样的，因此我们常常会看到别人的股票天天涨，自己的股票却一点儿也不争气，这是因为我们选股时没有尊重趋势的力量，没有把握住市场中处于上升趋势的主流板块。有时市场是蓝筹股行情，有时是炒概念、炒垃圾股行情；有时小市值的股票受市场青睐，有时大市值的股票涨得反而更好。

　　那么，如何判断市场上哪些板块、个股符合主流，哪些板块、个股是最强的呢？一个板块如果成为主流，它的走势必然是涨得多跌得少，并且涨成交量放大，跌成交量缩小。大家一起上涨时，它一定是涨得最凶的。上涨趋势、横盘震荡、下跌趋势，请问这三种走势投资者应该买哪一种呢？当然是上涨趋势的板块了。一般来说，市场上已经走出主升浪的板块最强，底部刚刚突破的板块也会震荡向上，不过没有前者强，适合中期持有，而横盘震荡及下跌趋势的板块及个股则没有太多的操作价值。

　　以实际操作为例，在计算机上打开同花顺软件，我们可以在首页输入"板块"或者"板块轮动"并回车，查看市场上各个板块的走势情况。

　　如图6-1所示，左上方是板块名称，左下方是各个板块里的个股，默认是按涨幅降序排列，右上方是板块分时图走势图，右下方是板块K线走势图。我们通过对比观察就可以轻松判断出市场现在哪些板块在涨，哪些板块仍处于震荡阶段没有方向，哪些板块处于下跌趋势。例如，"金属钴"板块就处于强势上升阶段，毫无疑问是市场的主流。

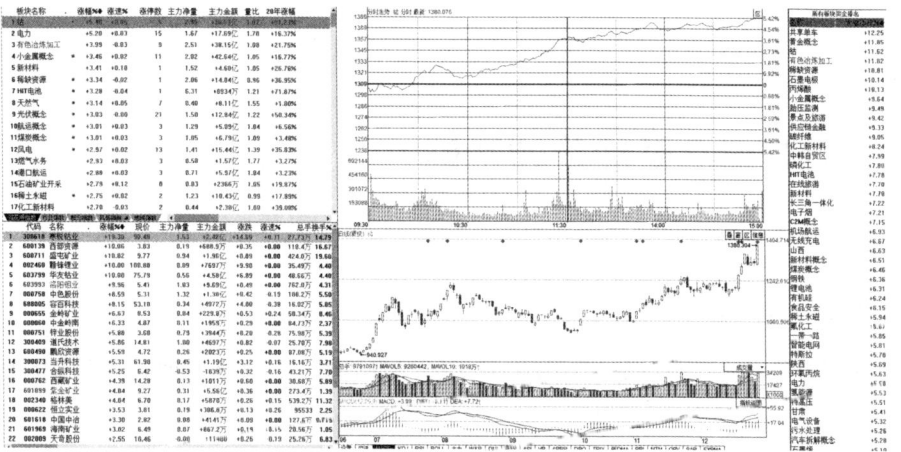

图6-1 同花顺"板块轮动"界面

再来看看图6-2中的"燃气水务"板块，2020年12月17日板块指数刚创下新低，目前的走势只应当看作反弹，在股价突破前面的压力位之前都很难有什么大行情，稳健的投资者没有必要过多关注。

图6-2 "板块轮动"——"燃气水务"板块

题材概念是炒作的基础

了解题材概念

题材很难去定义，你可以说它是主题，是故事，是许多股票共同具有的某种特征。

为什么市场要炒题材？我们知道，一个人的力量是弱小的，但一群人的力量就是强大的。一只股票如果毫无理由地暴涨，马上这只股票的投资者就会被"保护"，而如果多只股票同时上涨，就会显得"人多势众"，不再像单只个股那样势单力薄。一只股票的基本面，即股票的赛道、业绩、管理水平、人员素质等，就像一个人的品质，如诚实、敬业、乐观等；而一只股票的题材，则像一个人说的话。我们知道，看一家公司重在看它的基本面，而不是题材。然而对于基本面本身就不太行的公司来说，只能靠一些题材、口号来炒作。有了题材，才能给没有什么未来的公司插上想象的翅膀——毕竟好的上市公司都已经被市场合理定价了。

A股市场的题材概念五花八门，如贸易战受益概念、涨价概念、高送转概念、防疫概念、"十四五"概念、摘帽概念、股权转让概念、特斯拉概念、地摊经济概念等。那么，我们怎么知道一只个股究竟是什么概念呢？炒股软件已经为我们分类，我们需要做的是区分概念的正宗与不正宗。所谓正宗，就比如一家公司为特斯拉供应汽车配件，这当然是最正宗的特斯拉概念；还有的纯粹是蹭热度，比如公司在新能源汽车领域"有相关技术储备""有望进入特斯拉供应链"。

然而我们需要注意的是，题材的正宗程度并非与股价涨幅完全正相关。一只股票如果题材正宗，并且所有人都知道，那这只股票的股价会涨，但不会是涨得最好的，因为所有人都敢买；一只股票如果题材正宗，但只有很少人挖掘出来，那这只股票则很有可能涨成"妖股"；一只股票如果题材不正宗，正常来说是很少有投资者愿意买的，但也因此有了"成妖"的潜力（只有散户不敢买进的股票才会涨得最好），而一旦股票"成妖"，市场就根本不管其题材究竟正不正宗了。

题材概念的炒作就像一阵风，吹完就结束了，因此参与题材炒作重要的是第一时间"上车"，管它正不正宗呢。

好的题材怎么判断

这么多题材概念，我们怎么区分哪些是值得炒作的呢？好的概念题材必然具有如下特征。

（1）稀缺性、新颖性。比如海南赛马概念，就是个已经被炒烂的概念，每次海南出利好消息，海南板块都会玩拉升套人的熟悉套路，这个概念里面的股票要么全是套牢盘，要么是各种内幕盘、潜伏盘，因此投资者需要避免踩这种坑。

（2）突发性、朦胧性。一个题材如果太明牌了就不好了，会造成"好的买不到，买到的都是坑"的情况，为太明牌导致所有人都敢买，如果所有人都"上车"了，谁来抬轿子呢？比如2020年，中信建投与中信证券带领证券板块大涨，就是因为市场上流传的合并传闻，玩的就是不断地放消息再辟谣的套路。

（3）广度和深度。广度就是覆盖范围广，炒作时间久，比如半导体概念，包括上游的半导体材料、设备，中游的芯片设计、晶圆制造、封装测试，下游的通信设备等，每一个环节都有对应的上市公司可以炒作。深度就是题材概念符合国家大的方针政策，因此多看新闻，跟着政策走错不了。比如5G概念下诞生的"老妖股"东方通信，之所以能够完成10倍的涨幅，就是因为5G这个题材足够深。

（4）想象空间大。为什么很多题材看上去很不错，但是表现很一般呢？以京沪高铁为例，京沪高铁上市的确获得了资本市场的关注，毕竟号称"世界第一""最赚钱的铁路"，又符合当时提出的"交通强国"概念，难道这个题材不广、不深吗？但是我们接着思考下，这个题材有想象空间吗？正常人都知道，高铁的利润就是看售票数量和票价，票价你肯定是提不了的，至于线路，一般都是固定的，而且高铁上座率最高也就100%。因此，想象空间决定了股价炒作的上限。

趋势叠加判断个股强弱

很多时候，我们已经能够根据市场风向以及形态分析选择最强的板块，然而我们选的个股却总是涨得不如板块甚至不涨反跌，原因就是很多人固有的抄底思维。很多时候我们在择股时，总是凭自己的感觉，认为这家公司业绩看上去不错，价格挺低的，位置也是这几年来的底部了，其他股都涨了，这个股马上肯定也要爆发。我们来思考这样一个问题：市场上的大资金难道都没有散户聪明吗？这么有性价比的、处于低位的股票，他们为什么不去抄底？

我们在选股时，就应该选板块里最强的股票。为什么一个板块里有的股就走得特别强？很简单，要么是有强力主力运作，要么是逻辑、基本面最硬，要么是有潜在的预期支撑。而板块中最强的股票还起到板块风向标的作用，随着它的K线形态越走越好，越能吸引资金追捧，形成良性循环。而一个板块里为什么有的股票很弱？因为没有主力资金关注。为什么没有主力资金关注呢？因为公司没有任何亮点，甚至存在未知的隐患。形态走得软弱无力的股票让人提不起兴趣，从而形成恶性循环。

1. 黄金板块擒龙——赤峰黄金

2020年上半年到下半年，黄金以及黄金股引来了一波不错的上涨，其原因很简单，就是美联储在面对新冠肺炎疫情的危机时采取了无限QE政策[①]，美元贬值导致黄金作为保值产品开始上涨，而这一切早在4月时就出现了苗头。假如小李是一位宏观分析能力很厉害的交易者，他预判了黄金的趋势行情，接下来他准备在A股市场黄金板块里选择一支龙头股投资，那么如何找到龙头呢？小李挨个儿点开黄金板块个股的K线图，然后点击上方的"叠加"，再选择对应的行业板块，这样就能把个股和板块的走势放在一张图里了。小李发现黄金板块还处在横盘震荡的走势中，并且还没有突破前高，但有一只叫作赤峰黄金的股早就突破了前高，并且成交量一直放得很大，资金介入痕迹明显，其走势也是遥遥领先于板块，整个K线呈上升趋势。虽然小李根本不清楚哪家上市公司才是真的做黄金的，哪家公司过去的业绩最好，金价上涨对哪家公司最有利，哪些公司可能有雷，哪些没有，但仅凭K线，小李已经能断定这只股将会是大牛股，如图6- 3所示。

---

①Quantitative Easing，量化宽松，主要指各国中央银行在实行零利率或近似零利率政策后，通过购买国债等中长期债券，增加基础货币供给，向市场注入大量流动性货币的干预方式。

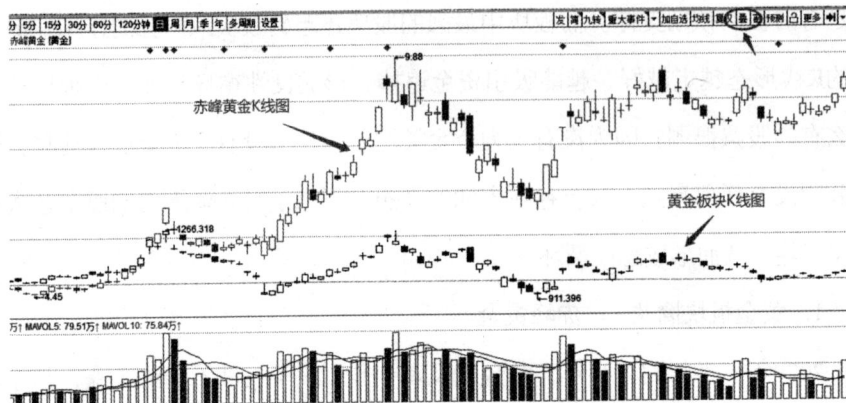

图6-3　赤峰黄金日K线图（叠加黄金板块）

　　小李接着往下翻，发现别的黄金股走势基本和板块同步，有的甚至还弱于板块。谁知道这些股究竟有没有黄金呢，大资金一定是最聪明的，小李想。于是小李仅仅通过趋势叠加的方法就成功捉到了黄金板块最牛的股——赤峰黄金。后来，赤峰黄金的股价从10元一路上涨至25.4元；山东黄金从26元涨到了33元，如图6-4所示；湖南黄金的涨势则较弱，不过是从8元涨到了10元多，而后面这两只股，一只之前的走势跟板块基本同步，另一只甚至落后于板块。

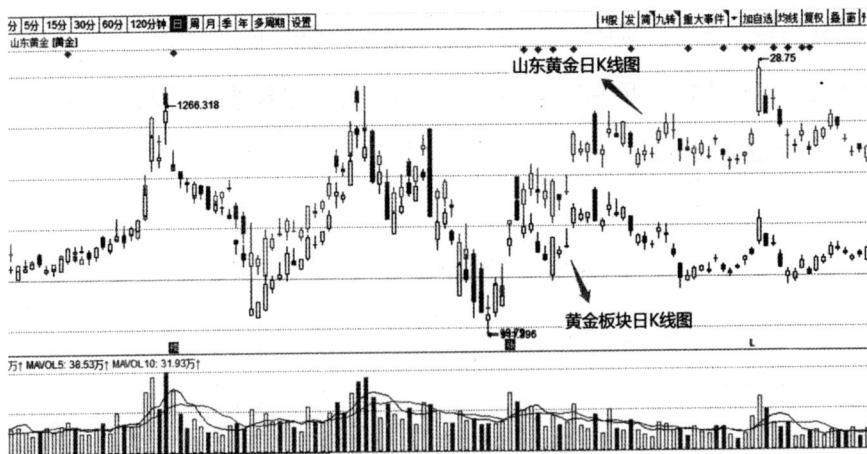

图6-4　山东黄金日K线图（叠加黄金板块）

2. 国防军工板块的灵魂——航发动力

2020年下半年，国防军工板块因为低估值、外围动荡、领导人发言、"十四五"规划等因素开启了一波不错的涨势，而航发动力作为国防军工板块市值最大的个股，很长一段时间走势都和板块几乎同步，如图6-5所示。然而，图中圆圈所示位置三根K线透露出了很重要的信息。对于板块来说，调整未过前高，航发动力却已经突破前高，强势不言而喻，发现此现象的投资者如果及时介入，将会收获远高于板块的收益。

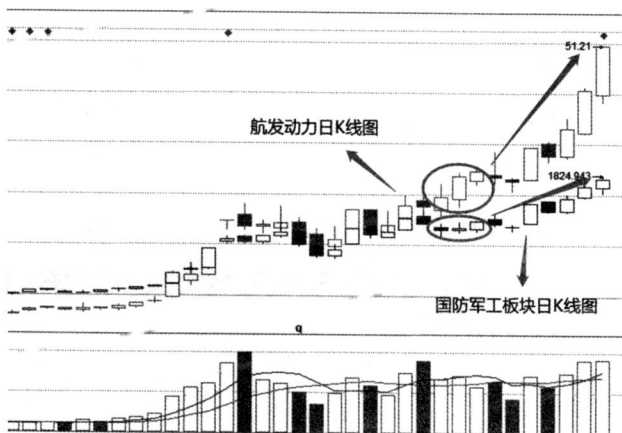

图6-5　航发动力日K线图（叠加国防军工板块）

股票的股性也至关重要

我们常常听到别人讲，××股票股性好，那么，什么是股性？股性和人性一样，股票也有性格，只不过人的性格是天生加后天环境影响而成的，股性是由场内资金的买卖行为塑造而成的。哪里有什么"妖股"？其实"妖股"本质上都是资金运作出来的结果。同样是涨，有的股票要涨就是大涨，涨停，痛痛快快绝不含糊；有的股票则扭扭捏捏。股性的决定因素有：公司的基本面、公司市值的大小、公司题材是否正宗、公司的名称等。股性好的股票，会给投资者很多机会，在高点追入的投资者往往还能有机会出来，而在低点加仓的投资者几乎都能赚钱离开，久而久之，一只股票的股性便被大家公认，从而下次炒作相关题材的时候，资金还是第一时间想到这些股票，这就是为什么明星股、龙头股易涨难跌。

利用同花顺软件中的指标就可以查看股性，具体操作如图6-6所示。点开自选股界面左上方的"设置"，就可以对表头进行自定义设置，搜索"股性"就可以将同花顺的股性评分添加到自选股界面，此外，同花顺还提供了一些特色指标，比如"涨停封单""涨停原因""首次涨停时间"等。

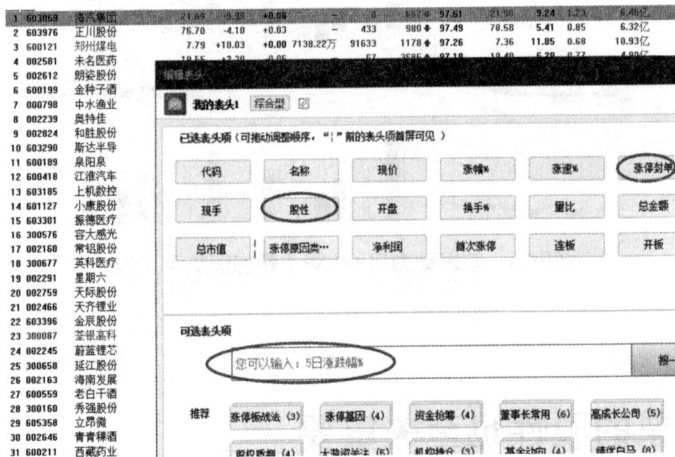

图6-6 同花顺"编辑表头"界面

一般来说，股票的股性越活跃越好。然而，评价股性好坏除了分数的高低外，还有一点就是与你是否"合得来"，有时即使你的股票股性评分一般，但是你很熟悉它，这样的股票同样适合反复操作。

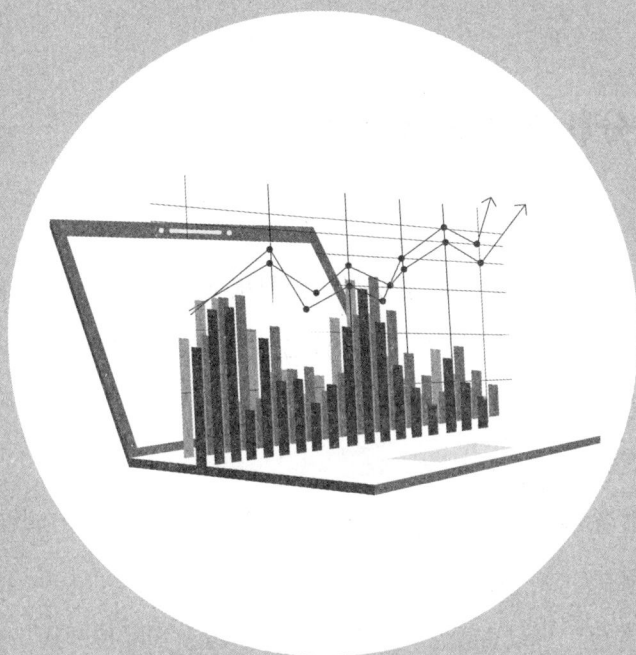

第七章

了解你买的公司

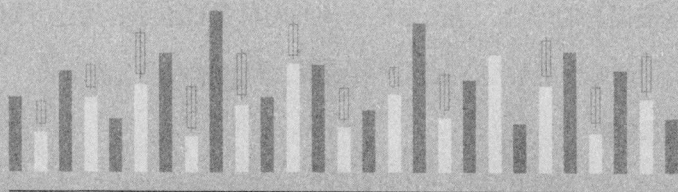

▮▮ 如何分析公司的基本面

上市公司的基本面包括财务状况、盈利状况、市场占有率、经营管理体制、人才构成等方面。分析公司基本面，主要是通过公司财务报表、公司研报等公开渠道进行，这一过程少不了同花顺F10。

1. 同花顺 F10

要看个股资料，首先将鼠标移到个股上单击选中，再按F10就能进入。其中，通过"最新动态"可以查看公司基本资料、概念题材、最新一期业绩等；通过"公司资料"可以查看公司名称、主营业务、实际控制人、参控股公司等；通过"股东研究"可以查看各期股东人数、十大股东、十大流通股东等。需要注意的是，股东人数通常越少越好，代表公司的筹码高度集中，散户数量少，而十大股东的明细则有助于我们查看机构的持股比例，定性股票是否为机构股票；"经营分析"展现的是公司的产品构成、业务构成，分行业和产品的收入成本情况等，还有主要客户及供应商情况；"股本结构"可以查看公司近期是否有解禁，近期有大额解禁的股票最好先回避；"概念题材"可以查看公司被归为这些概念的理由，进而分析公司的题材是否正宗；通过"财务概况"可以查看公司基本财务数据，如资产负债表、利润表和现金流量表。

2. 个股研报

我们可以在同花顺F10中"盈利预测"里的"研报评级"查看个股研报，也可以在雪球网个股的"研究报告"里查看。研究报告的主要内容包括对公司基本面的分析、未来的盈利预测等。研究报告的内容可以作为参考，如果许多家券商的研报对一家公司的利润预测相近，则数据的可靠性更高。需要注意的是，不同券商不同团队的研报水平参差不齐，即使有含金量很高的研报也不会免费公开地让散户看见，如华创证券的"李鬼"事件，就反映了目前普遍存在于券商中的荐股乱象——一些券商研究机构与第三方智库平台合作，邀请一些面目不清的专家，按照其事先编写的"剧本"进行配合鼓吹。因此，投资者还需要加强明辨是非的能力，不可迷信研报。

3. 财务报表

财务报表又称对外会计报表，是反映企业在一定期间资金、利润状况的会计报表。财务报表包括资产负债表、利润表、现金流量表、所有者权益变动表和财务报表附注，是财务报告的主要部分。中国财务报表的种类、格式、编报要求，均由统一的会计制度作出规定，要求企业定期编报。其中，投资者需要关注的主要是资产负债表、利润表和现金流量表。

不同的财务报表具有不同的意义。

（1）利润表。利润表体现一家公司赚钱的能力，它是根据"收入-费用=利润"的平衡公式来编制的。利润表反映了企业在一定时期内实现的利润或者发生的亏损，体现了企业各种利润的来源及其盈利能力。具体而言，投资者在看公司利润表时需要重点关注以下内容。

①企业的盈利状况和变化趋势。

②利润的结构，企业持续产生盈利的能力。

③利润形成的合理性。

④各项管理费用变动情况，企业的成本控制情况。

（2）现金流量表。现金流量表体现一家公司的活力，这张报表可以告诉你一家公司的经营、投资和筹资的现金流情况。如果一家公司只有利润但是没有现金流，那其实什么也干不了。现金流量表展现了企业的"真金白银"，是说不了假话的。

（3）资产负债表。资产负债表体现一家公司的实力，是反映企业在某一特定日期全部资产、负债和所有者权益情况的会计报表，它是根据"资产=负债+所有者权益"这一平衡公式编制的。资产负债表反映的是公司静态的财务数据，一方面展现了公司的钱是从哪来的（负债+所有者权益），另一方面展现了公司的钱产生了哪些资产。

4. 员工评价

除了公开渠道获得的信息之外，有时候公司员工自己的评价更能反映出一家公司到底怎么样。如果有熟人在这家公司上班，我们当然可以轻松获得评价，如果没有，我们可以浏览一些论坛或者求职网站，看看公司的员工是怎么评价自己家公司的。像"加班多、压力大"之类的评价其实没什么问题，这是很常见的现象，不过像"离职率奇高""经常拖欠工资"之类的评价就要小心了，这说明公司的管理或者财务状况出现了问题，那么我们就要对这家公司财务数据的可信度、研报的盈利预测持怀疑态度了。

常用的公司信息获取渠道

信息获取是初入股市的投资者走向入门的必修课，本节为读者列举了一些常用的公司信息获取渠道。

第一，财务报表。公司的财报在同花顺F10、巨潮资讯网等地方都能查到。

第二，浏览公司官网、公众号，可以大致了解公司的产品、企业文化和新闻动态等。

第三，搜索各种专业的垂直门户网站，可以了解行业的新闻。

第四，通过天眼查、企查查等网站可以查询企业的工商信息、法律纠纷等；想知道公司的中标情况可以查询政府招标网，想知道企业专利可以检索国家专利局查询等。

第五，浏览微博之类的社交网站，可以捕捉到最热门的话题。

第六，很多常用的论坛和App都可以免费浏览完整的研究报告，不少渠道也可以找到券商的电话会议录音或纪要。虽然研报的实际水平根据作者的水平高低差异较大，但对理解公司、理解行业还是有用的，也会出现一些有参考价值的数据。

第七，投资者还可以通过专门负责投资者沟通的网站，如深交所互动易平台、上交所e互动平台等向上市公司的董秘进行提问。

᪴ 财务报表怎么看

上节中提到财务报表是投资者获取企业信息的重要渠道，对于投资者来说，除了要会通过财务报表判断企业基本的财务状况外，还需要了解企业在财务报表中常用的粉饰、造假手段，以分辨出数据的真假。

财务造假常用的手段可以从性质上分为会计方法和非会计方法。会计方法，即通过滥用会计处理方法达到操纵利润的目的，如提前/延期确认收入；非会计方法则是通过虚构经济业务来虚增报表业绩，这种手段更加隐蔽，更容易大规模虚增业绩。

具体来讲，要鉴别财务造假，我们可以通过以下途径实现。

1. 关注高危行业

（1）业务简单且收入和成本无对应关系。例如典型的软件企业，其生产对象就是光盘，不需要多种生产要素的匹配，只要有订单，生产是即时的、不限量的。这类企业的投入主要在研发上，一旦成功过渡到销售，成本的变动就极小了，因此这类企业造假的成本较低。

（2）现金结算为主且交易方多为个人。著名的绿大地、万福生科、新大地等财务造假案件都发生在农业企业，这与其交易特征息息相关：农业企业交易对象多为个人，业务主要采用现金结算，购销过程常不使用合法发票。由于个人身份难以核实，个体工商户经营状况也无法查询，这就使虚构交易对象变得十分容易。此外，农业企业的存货诸如养殖在水中的鱼、种在园里的树苗等，都是难以实地盘点确认的，这就为将虚增的利润隐藏在资产中提供了土壤。

（3）业绩依赖重大合同且易于调节。有些行业的公司业务合同较少，单个合同金额很大，如建造工程类合同。有的在验收时一次确认，只要能用不正当手段提前或延后取得验收报告，便可利用它调节收入。此外，工程合同以实际工程结算额缴纳营业税，因而夸大收入往往不会增加造假成本。

2. 关注造假信号、特征

（1）高新技术企业是否满足税收优惠。高新技术企业享受所得税优惠，需要在员工学历、研发人员比例、研发费用及高新产品收入比例等方面满足量化要求。面对这种高新企业时，要特别关注它是否能持续满足高新技术企业的认定条件，注意是否存在骗取优惠的行为。

（2）异常的会计数据。一般的财务操纵会在财务报表中留下痕迹，而异常的数据是进一步判断是否存在财务造假的信号。例如应收账款大幅增长，周转率低于同行业水平，要么是临时放宽信用政策，要么是提前确认或者虚构收入；数量和价值难以确定的存货大幅增长，且周转率低，可能虚构存货采购流出资金，再流入虚增利润，或者是存货积压却未计提跌价准备；无形资产大幅增长，尤其是其公允价值难以确定时，可能通过这种资金转出最终虚构利润。此外，递延所得税资产、商誉、毛利率等项目都应该格外注意。

（3）本身现金充裕却有大额借款。要知道向金融机构贷款需要支付一定的利息，本身有足够资金的企业完全不用借款经营，如果出现这种情况，有可能是企业通过制造虚假的现金流进行财务造假。

3. 结合非财务信息分析财务信息的合理性

（1）收入快速增长、毛利率远高于同行业公司。公司经营情况通常与所处行业的景气程度密切相关。如果一家公司的产品在技术、品牌、市场等方面并没有显著于同业的优势，却有着明显有悖于经营环境的经营业绩，那么其业绩存在注水的可能性较高。

（2）关联交易突然急剧变化。公司对于其主要客户或供应商在业务上天然存在依赖关系，这种业务的依赖性短期内很难改变，发行人不可能一夜之间抛弃原有的业务模式。因此，如果公司与关联方的交易发生了重大变化，而又无法提出合乎逻辑的解释时，是值得重点关注的。

（3）其他非财务信息分析。非财务信息的范围比较广，包括上市公司的人员信息、生产经营信息等。通常来说，上市公司频繁更换财务人员、高管人员，上市公司频繁更换银行基本账户，上市公司频繁修改公司章程、经营范围……以上种种迹象都使上市公司财务信息的可靠性受到质疑。

看财报是为了"做减法"

如果我们寄希望于通过看财报就能了解一家公司，再买入它的股票，然后赚钱，恐怕要失望了。笔者认为，仅通过看财报去了解一家公司怎么样，就跟只看K线去分析股票走势一样，都是要出问题的。财报反映的是静态的时点数据，是结果，或者说是上市公司希望对外展示的结果，有会计常识的人都知道，一家公司最起码有两套报表，一套是对外财务报表，依照法规必须对外披露的报表；另一套是对内管理报表。因此，会计处理的灵活性使得财报对投资人的有效性有所降低。

投资者不可迷信财报，投资者也不可不看财报，财报是用来排除差公司的。

有读者或许会疑惑：前面不是刚说财报不可信吗，那么又怎么能用来排除不好的公司呢？的确，财报过于亮丽确实不能提高其可信度，但是明显有问题的财报反而是可信的。财报就相当于一家公司的面子工程，连面子工程都做不好，说明这家公司真的没有能拿得出来的东西。因此，根据财报，投资者可以轻松地排除一大批企业。市场上的4000多家上市公司里一定有好公司，投资者完全没必要执着于一些财务报表都让人看不懂的公司。

第八章

认识你的对手

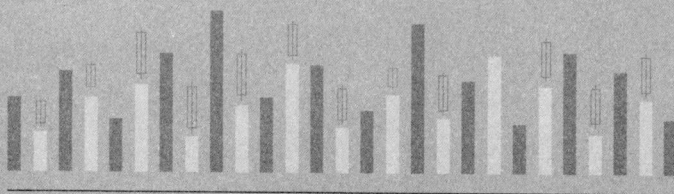

▮▌市场的参与者

市场的参与者主要包括机构、游资、外资、散户。其中，散户处于食物链最下面一级，游资是专门收割散户的，游资会被机构收割，而机构又会被外资收割。

1. 机构的操盘手法

机构的类型主要有公募基金、私募基金、社保、券商自营盘，以及以汇金、证金为代表的"国家队"。机构喜欢的股票就类别而言通常是蓝筹股、成长股，就行业而言一般是医药股、消费股以三一重工和贵州茅台的日K线走势为例，如图8-1、图8-2所示。机构操盘的股票，K线走势一般都是走长牛，延续性较强，很少出现短期的暴涨暴跌。既然机构认为这些公司都是行业龙头，并且利润能够稳定增长，因此这些股票从长期来看都是没有顶的，股价短期震荡或者下跌后都会被其他机构买上去，尤其是当市场没有任何方向的时候，机构就会选择拉升蓝筹股。

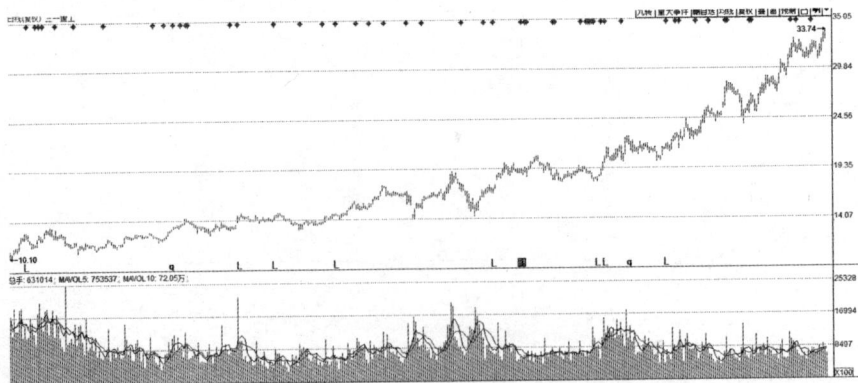

图8-1　三一重工日K线走势

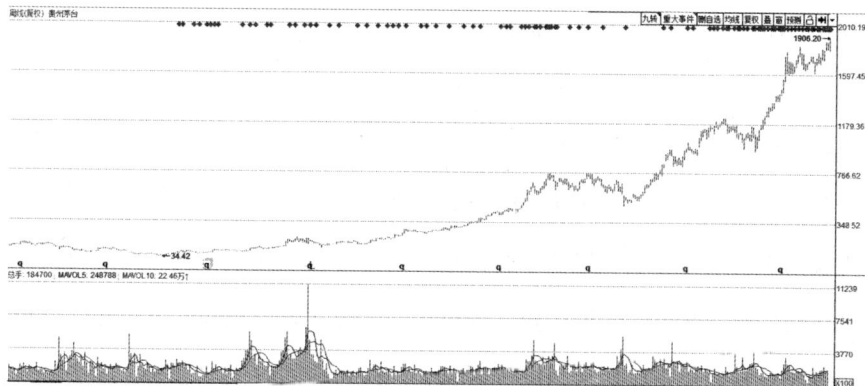

图8-2　贵州茅台日K线走势

从分时图来看，图8-3是贵州茅台的分时图，机构在买这些股票时一般不会特意推高股价，因此分时图很少出现"直线拉升"，而是像"推土机"一样吸纳筹码，然后任由股价自由回落，在一些"必要的时候"，如分时股价快跌破均线支撑时，继续执行买入操作。

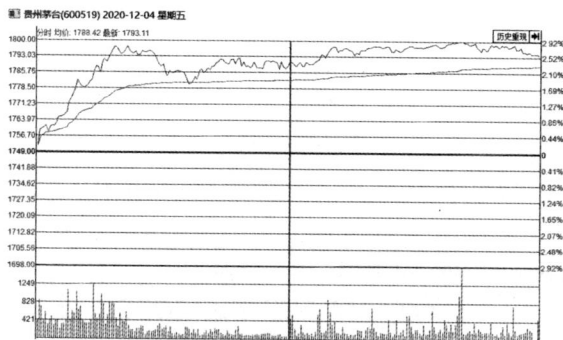

图8-3　贵州茅台分时K线图

机构操盘的特点就是时间久，会一直操盘到企业的基本面发生较大变化为止，投资者很难从机构股的盘面看出激烈的情绪变化。需要注意的是，机构股的正确"上车"方式就是低吸，因为机构是做中长线的，如果股价因为短期的利好或者游资的介入而大涨，机构就会减仓砸盘，因此机构股大涨之后必有回调，投资者如果追涨会很难受。

2. 游资操盘手法

游资的风格是短线快进快出。游资最重要的特点就是快和狠，游资比较喜欢买垃圾股，因为好股票里面都有机构坐庄，游资只要敢侵犯机构的地盘，就很可能被机构"砸"。游资的资金规模较小，因此做一只股票时需要综合考虑个股股性、题材热点、市场风向等因素，在最适合的时间"点火"拉涨停板，这样既省力，拉涨停板成功之后第二天又有溢价。

图8-4郑州煤电日k线图、分时图中就展示了游资股的常见走势，就日K线来说，走势表现为暴涨暴跌，不是涨停板就是跌停板；就分时图走势来说，日内股价的走势大起大落，甚至能从跌停板到涨停板，游资在拉升股价时通常会搞"突然袭击"，一段凌厉的拉升往往只需要数10秒。

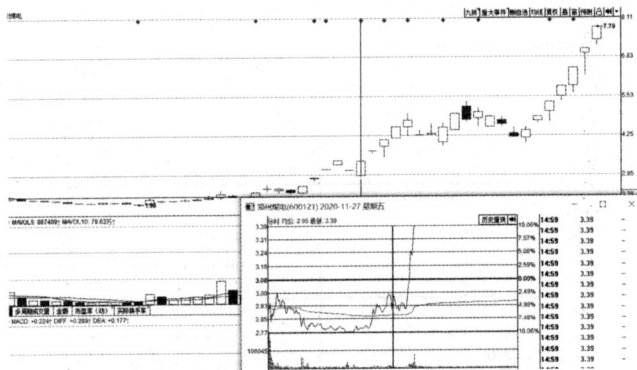

图8-4 郑州煤电日K线图、分时图

3. 外资操盘手法

外资跟机构类似，也喜欢大白马、行业龙头。但是二者有所不同，内资机构获利到一定程度后会高抛低吸，有时也会玩套路做短线，收割游资和散户，而外资持有一只股票可以长达数年，利用雄厚的资金买入大量股票并长期持有，很少在意股价短期的波动。可以看到，格局有多大，最终的收益就有多高。

4. 散户操盘手法

散户最喜欢追涨杀跌，买卖股票往往是凭消息、感觉、心情，因此常常会高位套牢，低位割肉。当散户接近回本时，反弹戛然而止；当散户获利出局时，黑马横空出世；当散户自鸣得意时，空袭如期而至；当散户满仓套牢时，好股遍地都是。

▮▮ 如何看龙虎榜

沪深交易龙虎榜指每日两市中涨跌幅、换手率等由大到小的排名榜单，从中可以看到龙虎榜单中的股票在哪个证券营业部的成交量较大。该数据有助于了解当日异动个股的资金进出情况，以判断是游资所为还是机构所为。

什么样的股票会上龙虎榜

一只股票能否上龙虎榜，要通过以下三个条件确定。

（1）日常交易。日收盘价涨跌幅偏离值达±7%；日振幅达15%；日换手率达20%。其中，深市分主板、中小板、创业板，每个条件各选前5名上榜。沪市每个条件各选前3名上榜。如果条件相同，则按成交额和成交量选取。

（2）股价异常波动。连续3个交易日收盘价偏离值累计达到±20%（ST和★ST为±12%）；连续3个交易日累计换手率达到20%，且日均换手率与前5个交易日日均换手率的比值达到30倍。

（3）无价格涨跌幅限制的个股，如刚上市的新股。

龙虎榜会公布些什么

龙虎榜会公布当日买入、卖出金额最大的5家营业部的名称及其买入、卖出金额。如果是属于股价异常波动的情况，则公布股票异常波动期间，累计买入、卖出金额最大的5家会员营业部的名称及其买入、卖出金额。龙虎榜一般在下午4：30分到5：30公布。我们可以通过深沪交易所网站上"交易公开信息"一栏，或同花顺（300033）等财经网站查看。

龙虎榜上有两种席位，一种是机构席位，另一种是营业部席位。

机构席位是指基金专用席位、券商自营专用席位、社保专用席位、券商理财专用席位、保险机构专用席位、保险机构租用席位、QFII专用席位等机构投资者买卖证券的专用通道和席位。上榜统一名称为"机构专用"。

营业部席位即自然人账户，就是普通股民账户，但能上龙虎榜的多是股市里顶尖的游资。

龙虎榜怎么看

一般情况下，看龙虎榜主要是看以下几点。

（1）买卖双方的力量对比，通常买方总金额越大越好。买一和买二的买入金额最好不要太过悬殊，否则容易造成一家独大的局面。

（2）观察游资的席位及其操盘风格，上榜的游资是顶级游资还是名不见经传的游资？这个游资席位上榜之后历次的走势是怎么样的？是经常"一日游"还是以做波段为主？通常一日游的游资口碑不太好，如果出现在龙虎榜上，反而打击场外资金做多的积极性，而波段游资则比较受欢迎。

（3）买方中的"机构专用"席位数量越多越好，机构席位当日买入金额占总成交金额的比例越大越好，有机构大举进驻的股票往往走出中期行情的概率较大。

（4）买方席位均为游资，而卖方席位出现机构大量卖出的时候，说明机构已经认为股价开始高估，逐步获利出局，而游资仍借着股价上涨的人气热度推波助澜，此时一般进入博傻炒作阶段。

（5）买方均为机构，卖方全部为游资席位，如果股价已经在炒作高位，出现这样的龙虎榜数据，则有可能是买卖双方达成某些利益输送协议，利用龙虎榜的机构溢价效应，吸引散户高位接盘来帮助游资顺利出货。

跟着龙虎榜能分一杯羹吗

跟着龙虎榜能分一杯羹吗？在理论上是可以的，前提是对某个席位已经研究得非常透彻了，否则，希望就比较小了，原因如下。

（1）散户无法得到实时的消息，因此在时间上就输了，当散户看到龙虎榜的交易记录时已经收盘了，如果第二天股价高开，跟还是不跟，在什么价位跟，都是很难取舍的。在"T+1"交易制度下，假如第二天有大量散户愿意接盘，前一个工作日买进的大佬们很可能直接开始挥舞收割的镰刀了。

（2）龙虎榜只展现了部分交易数据，散户看到的只是冰山一角，买入前五里假如有机构大买2亿元，你知道机构会不会偷偷卖了更多呢？

（3）散户同样难以获知大资金建仓的真实目的，出现在龙虎榜上是不是醉翁之意不在酒，而是为了其他东西，如隐形利益输送等。

▫ 常用的论坛有哪些

就笔者所知，炒股过程中比较常用的论坛有以下几个。

（1）同花顺——"90后"新生代的聚集地，由于同花顺界面好用，看盘方便，对多家券商兼容，因此年轻人大多使用同花顺，而同花顺论坛的发言更多的是像同龄人互相聊天、段子分享等，可以称之为最年轻的论坛。

（2）东方财富股吧——鱼龙混杂，有深藏不露的高手，也有刚入市的新手，很多帖子没有什么实质性的内容，技术交流帖很少，更多的是带盘的"老师"，当然也有不少骗子，是辨别个股人气的重要指标。

（3）淘股吧——职业投资者的聚集地，"龙头战法"的起源地，很多民间股神都诞生于此。论坛的帖子大多为复盘帖、逻辑推演帖，有一定的技术含量，也有不少带盘的"老师"，对于孤独的投资者来说，是一个分享交流的好地方，但是大多用户的操作风格以短线打板为主，缺少对逻辑的深度分享。

（4）雪球——价值投资者的圣地，近年来随着用户的增多，缺少营养的发言以及"大V"股神也多了起来，但仍然是学习公司基本面、学习市场逻辑的好地方，发言情况总体而言是最理性与和睦的，还是有很多高手会在里面分享个人思考的。

᷾ 简单地鉴别庄股

随着监管的不断完善，以及证券市场的不断发展，纯庄股已经越来越少了，然而还是有很多庄股让许多投资者亏损惨重。庄股主要有以下几个特点。

（1）分时图走势别扭（见图8-5），经常在股价波动很小的地方放出明显异常的成交量，对倒痕迹明显（见图8-6、图8-7），经常出现拉尾盘偷袭上涨的情况。成交量忽大忽小就说明筹码不均匀地分布在投资者手里，不计成本地拉尾盘，是因为庄家手里有大量的底仓，花一点点小价钱就能做高底仓的收益，所以拉起尾盘来肆无忌惮。

（2）走势不受大盘影响，K线图通常比较规整，很多小阳小阴线，很多十字星。一般来讲，大盘是市场整体情绪的反映。个股有时会由于一些突发利好或者利空短暂脱离大盘整体走势，但绝大多数的情况还是受到大盘的影响，和指数的走势保持基本一致。但是庄股由于他的筹码高度集中在少数人手里，这少数人的交易行为左右了股价的涨跌，因此我们可以看到庄股的走势长期脱离大盘走势。

（3）十大流通股东里通常没有券商、公募基金或者QFII（境外机构投资者），几乎都是个人、私募和信托。因为坐庄需要资金，资金来源无非就是银行贷款、信托或者私募。公募基金是不会做这种事情的，因为公募基金的信息披露要求以及法律监管要求比私募的要严格得多，严格到他想做也做不了这种事情。所以看到一只股票的十大股东里面几乎全部是自然人或者信托、私募，那这只股票很有可能就是一只庄股，最好是绕道而行。

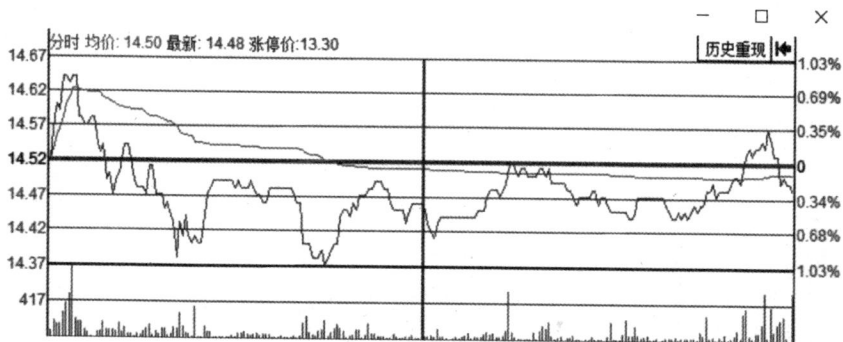

图8-5　盛洋科技分时图（一）

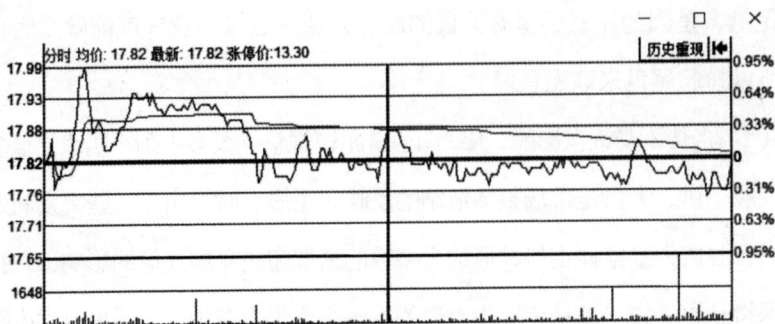

图8-6　盛洋科技分时图（二）

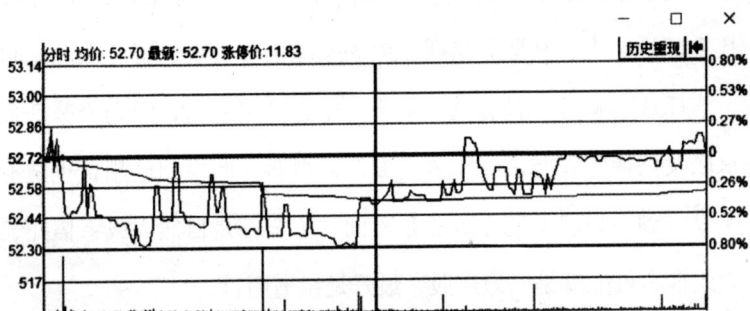

图8-7　济民制药分时图

精华篇

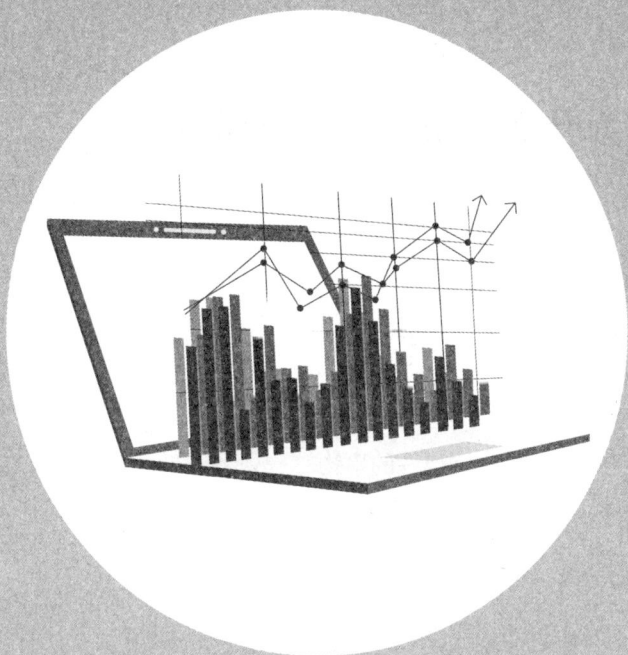

第九章

何时买入，何时卖出

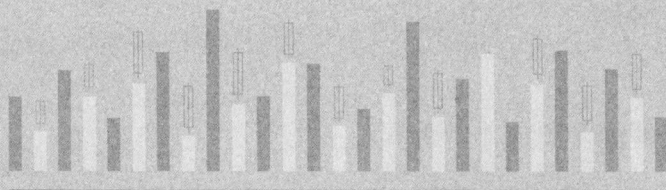

股票为什么会涨？——逻辑+资金

什么是逻辑

逻辑又称理则、论理、推理、推论，是有效推论的哲学研究。常用的逻辑方法有两种，归纳和演绎。

归纳是把具备某种相同属性的事物一一列举出来，然后寻找共通点，归纳一般能帮我们找出事物的客观规律，运用客观规律指导行动，可以避免一些不必要的死磕和弯路。

演绎是把互相之间形成影响的因素按照事物因果顺序、时间先后顺序、重要程度顺序排列出来，再寻找突破口。演绎往往能够起到见微知著的作用。

接下来再问大家一个问题，现在已知一个命题：如果抱团炒白酒的怪象不消失，A股不会好，大家能据此得出什么结论？"如果A股好了，那么肯定不会存在抱团炒白酒的现象"？这个结论是对的。那么"如果抱团炒白酒的怪象消失了，A股就会好"呢？这个结论显然是得不出来的，因为除了抱团炒作，A股的怪象还有很多，如果坚持认为能得出这个结论，那么还是应该去好好学习一下逻辑这门课程。

逻辑给出理由，资金才是话事人

逻辑讲的是为什么股价会涨，而资金则是市场的认可，两者缺一不可。对于短线逻辑、题材概念逻辑，再好的逻辑如果没有资金炒作照样不会有行情，而硬逻辑，如涨价逻辑、基本面改善逻辑，是不怕没有资金来炒作的，这就非常考验投资者对市场的理解力了。为什么很多上市公司的老板自己通过"内幕"炒自家的股票也会爆亏呢？原因一，他所认为的逻辑，譬如我们公司今年财务数据会很好，这种信息市场上大部分投资者能预期到，并没有很大的预期差，因此这个逻辑并不好。原因二，他所认为的逻辑，如公司分红、回购，并不是市场逻辑，也就是说，市场上没人炒这个逻辑。原因三，他的逻辑不被市场认可，如即将发布公告收购一家新公司，如果标的公司没有很亮眼的题材或者业绩，市场照样不会有资金来炒作。原因四，可能是操盘痕迹太明显，被人识破是庄股，那自然就没有多少资金愿意进来"抬轿"了。

ᵢᵢᵢ 区分短、中、长逻辑

1. 短逻辑

短逻辑跟题材炒作差不多，就像一阵风，短期很猛，涨完后从哪来回哪去。如图9-1所示，"地摊经济"概念横空出世，当天板块即到达炒作高潮，第二天板块个股又是批量高开涨停，接下来一段时间板块就慢慢跌回原点，因为看不到业绩。

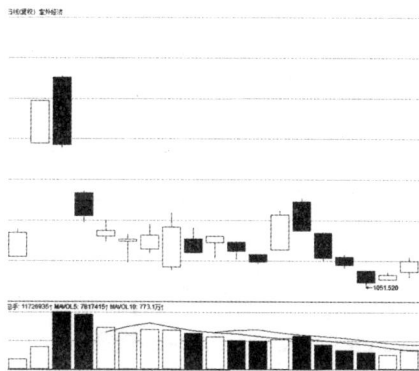

图9-1　室外经济（"地摊经济"）板块

日K线图

2. 中逻辑

中逻辑，通常持续性较强，股价多呈波段式上涨。例如，图9-2是瀛通通讯（002861）2019年5月到11月的走势，股价上涨的中线逻辑是苹果AirPods Pro将于2019年10月发布，而瀛通通讯是苹果供应链里的一家主营电声产品的公司，因此市场预期AirPods如果销量火爆，将给公司业绩带来积极的影响。

一方面，业绩预期的实现需要时间，需要等产品发布后的用户评价以及实际销量出来，因此这不是一个短逻辑，不要期望股价短期连续大涨，如果短期连续大涨反而要小心一波到顶；另一方面，电子产品的更新换代很快，通常只需要几个月，因此这也不是一个长逻辑。此外，投资者需要注意，参与中逻辑的方式通常有两种，一种是潜伏，即10月发布耳机，你需要9月甚至8月就潜伏；另一种是短线爆发时介入，这样虽然短期内能快速获取利润，但对投资者的短线操作要求很高，安全性远不如第一种。

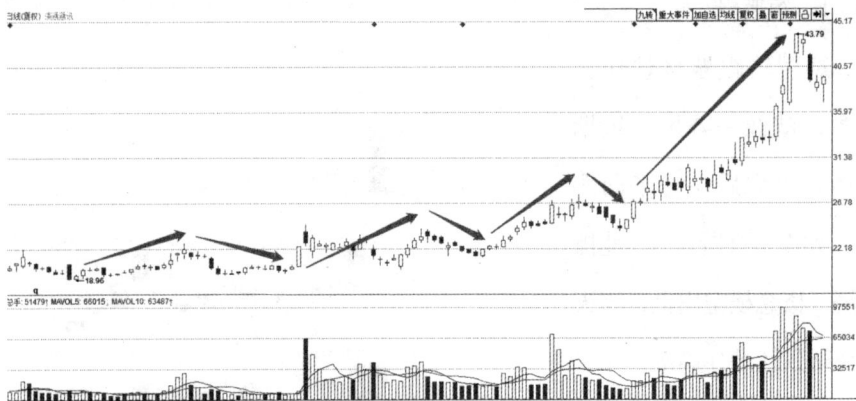

图9-2　瀛通通讯2019年5月到11月的日K线图

3. 长逻辑

长逻辑，股价通常一波接着一波上涨，但短期大幅冲高时通常就是离场点。

凯莱英（002821）是一家全球领先的服务于新药研发和生产的CDMO一站式综合服务商，与全球制药巨头形成了较好的合作伙伴关系，股价上涨到200多元时仍获得了高瓴资本10亿元的定增，是典型的高成长、高确定性的蓝筹股，因此可以看到每一次下跌后都会继续向上，走出了长牛走势，如图9-3所示。

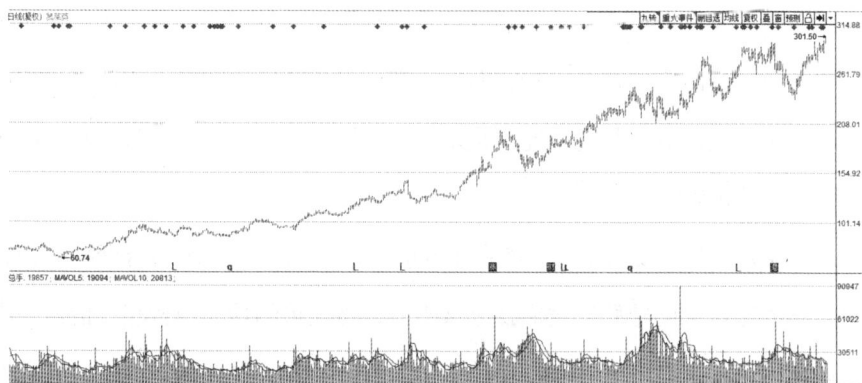

图9-3　凯莱英日K线图

当一个逻辑兼顾短、中、长逻辑时，即既有长远预期，也有短期刺激推动，那么很有可能诞生"大黑马"。

▌▋ 逻辑的强弱怎么判断

一个强逻辑，它的逻辑链条必然是严谨而完美，难以证伪的，并且符合不可逆的大趋势。以涨价逻辑为例，涨价逻辑是所有炒作逻辑中最硬的逻辑，因为产品涨价、公司利润增加、股价上涨这条逻辑链几乎是完美的，当公司生产的产品涨价，在产品成本不变的情况下，涨价的部分直接增加了公司的利润，而当一件产品开始涨价，如果是供需不平衡引起的，那么就会进一步导致购买者的追涨情绪，进一步推高价格。我们知道一家公司值多少钱最主要的还是看它能赚取多少利润，因此公司利润大幅上升，直接导致公司的市盈率下降，估值提升，对股价走势形成积极的影响。

再如2020年市场炒作新能源汽车，其一是美股特斯拉的股价不断新高，A股新能源汽车及产业链上市公司的受益及对标逻辑；其二是公共卫生事件后，中国为了复苏经济需要刺激消费，而汽车产业占GDP比重较大，因此有这方面的利好政策预期；其三是清洁能源是未来的发展方向，因此投资者不难看出这个逻辑是比较正确的。

然而，A股上市公司是否都能在未来的新能源汽车市场上与特斯拉一较高下呢？思考完这个问题后，我们就应该明白，当逻辑的炒作由普涨行情告一段落之后，只有真正有未来、有市场、有业绩的公司才会继续涨。那么，究竟是哪些公司呢？如果没有答案，我们不妨换个思路，甭管哪家公司最终能杀出重围，既然这么多公司要搞新能源车，而新能源车最重要的部位就是电池，那么哪家上市公司是电池龙头呢？接着往下思考，假如国内的电池质量比不上国外的品牌，那么炒电池的逻辑会遭到削弱，但是不管哪家公司的电池质量最好、市场份额最大，生产电池都需要用钴、锂这些原料，因此拥有钴、锂矿的上市公司会极大地受益……有没有发现，其实多独立思考，你就能提前看出接下来市场要下的几步棋了，而别的投资者只看到市场现在新能源车很火爆，追得起劲。谁能赚钱，一目了然。

好的逻辑就如同一首好诗、一篇好文章，不要那么直白，以至所有人一眼都能看出来。好的逻辑一开始要含苞待放，只能让一小部分聪明人看出来，然而当接下来所有人都发现时，还要能让市场广泛地认可。

区分商业逻辑与市场逻辑

我们知道，财务报表展示给我们的营收、利润的增减，不仅仅是一个数字，数字背后一定对应着某些"变化"。因此，我们需要抛开股票本身，寻找企业经营内核的变化。商业逻辑的核心就在于变化。

具体而言，商业逻辑看重上市公司的以下因素：有没有推出新产品？新产品有没有市场，会带来多少业绩？别的公司（特斯拉、苹果）推出新产品后，A股产业链受益的公司有哪些？有没有研发新技术？新技术会造成多大的变革？未来有多大的市场……

市场逻辑的核心在于趋势。市场上最聪明的资金发现趋势的苗头，然后推波助澜，形成市场逻辑。

具体而言，市场逻辑主要有：宏观逻辑，比如CPI（居民消费价格指数）高了炒农业，货币贬值炒出口行业，货币升值炒进口行业，美元贬值炒大宗商品；牛熊逻辑，牛市炒券商、互联网金融、低价股、标杆股；避险逻辑，局势紧张就炒黄金、军工、比特币、农业等；对标逻辑，看美股龙头股炒A股，板块出了"妖股"就炒低位补涨的"小弟"；护盘逻辑，市场行情绝望的时候主力一般会拉银行股、券商股、大蓝筹护盘；筹码逻辑，如IPO（首次公开募股）收紧，新股就变得稀缺了，可以炒次新股。

如何选择好的买入点

常听别人说，会买的是徒弟，会卖的才是师父。其实不然，买和卖在股票交易中同样重要。如果一个投资者能将"买"做到极致，在最低点买入，那么还用为什么时候卖而发愁吗？

其实读完前面的内容，读者应该已经对何时买入这个问题有了初步的答案了，具体而言，我们的买入点可以根据形态、均线、竞价值博率①等买。例如在反转形态中，对于头肩底形态，我们的第一买入点就在股价放量突破颈线的时候，而第二买入点则是股价突破后缩量回踩颈线的时候，当然，你也可以设定第三买入点，比如在股价回踩完颈线继续向上攻击的时候加仓。同理，对于双底、多重底、圆弧底，投资者也可以据此操作。对于整理形态，投资者应当在股价脱离整理，方向选择向上的时候买入，第二买入点、第三买入点也跟底部反转形态类似。

根据均线买，则是当股价站上均线时买入，跌破时卖出。至于均线的设置，投资者应当根据个人习惯以及股价的股性灵活选择，你当然可以按照网上的教程同时看六七条均线，然而实际操作的时候你就会发现，股价跌破5日线了，怎么办？没关系，看看10日线支撑如何。10日线失守了，怎么办？据说20日线是重要支撑，这个时候割肉已经不划算，我要不再等等？然后一次次被套牢。同样的走势，有的均线告诉你该跑了，有的均线告诉你继续持有，你怎么

---

① 跟赔率类似，主要考虑以下 3 点：a.买入后上涨 / 下跌的概率是多少？ b.最好的情况下，向上的空间有多少？ c.最坏的情况下，向下的空间有多少？

办？因此，还是建议大家均线至多看3条：第一条短期，第二条中期，第三条长期。同时建议大家选择长期均线不断往上的个股操作，因为长期均线往上，说明股价的趋势是往上的，股价的趋势往上，一方面说明股票有资金在做多，另一方面你赚钱的概率会更大（趋势往上，均线也是往上走的，即使跌破均线卖出，也很有可能赚钱）。

根据竞价值博率买，简单地说就是一只股票如果基本面没什么问题，消息面也没有实质性的利空，K线走势也没有明显转弱的情况下，某天股价突然低开三四个点，那么可能就是一个很好的买入机会。如做短线连板股时，如果市场的炒作情绪不是处于低谷，人气股、龙头股如果低开超过5个点，很多情况下都是送钱。假如当天股票上涨的概率是50%，向上的空间接近15%，而向下的空间仅有不到5%，这种开盘价就是"值博"的，已经有底仓的投资者完全可以竞价的时候加仓，等盘中拉高再减仓，这样可以轻松地做几个点差价。

▪️ 如何卖在合适的价位

既然是卖，那么就分为止损和止盈，对于止盈来说，赚钱的交易什么时候卖出都是正确的，永远不要让原本赚钱的交易变成亏钱。在卖出之前投资者需要考虑清楚，如果知道自己卖了之后还会忍不住追回来，那么请继续拿着别乱动，直到明确的卖出信号出现为止。止盈的方式多种多样，比如达到目标价位止盈、重要的阻力位附近止盈、跌破上涨趋势线止盈、跌破均线止盈、情绪高潮时止盈……

对于止损，既然买入后股价下跌，就说明这笔交易是错误的，做错了就应该果断止损，即使有时候止损后可能股价就拉上去了，但那只是凭运气赚的钱，是你看不懂的钱，凭运气赚的钱最终还是会凭本事还给市场的。具体而言，止损的情况有：跌破目标价止损，跌破重要的支撑位止损，跌破均线止损。

需要注意的是，投资者买、卖时的依据要一致，比如有的投资者是根据形态突破买入的，如果突破成功了，那么这笔交易肯定是赚钱的，赚钱的交易怎么止盈全凭心情，可以等跌破重要均线止盈，也可以等情绪高潮时止盈，然而一旦形态突破失败，无论如何都要止损，不管均线是否还有支撑。再如有的投资者是根据均线买的，那么当股价跌破均线就要止损，即你买入时是按照什么依据，止损时也应该按照什么依据。

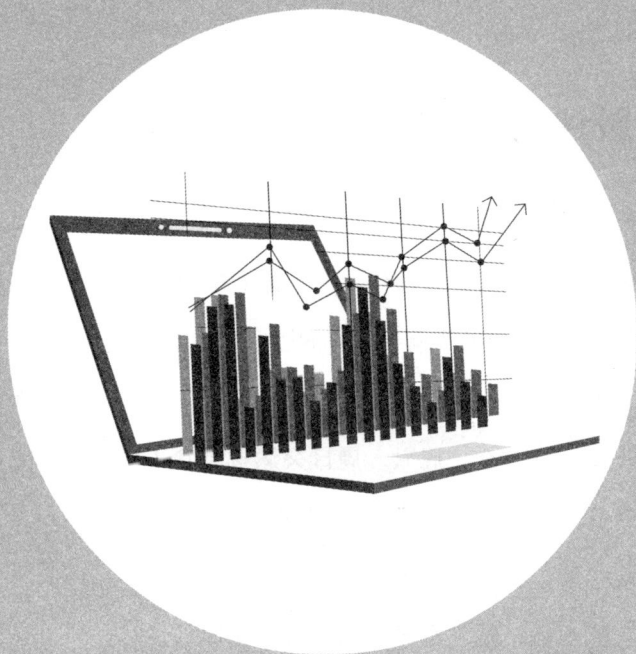

第十章

树立正确的炒股理念

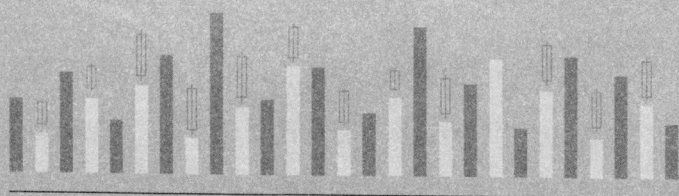

远离股评家

很多投资者交易时喜欢“抄作业”，最好能成群结队找个团体，大家一起互相鼓劲，投资才不那么无聊，看好的股票才能拿得住。渐渐地，可能转向一些看似水平很高的股评家。股评家有很多看家本领，再如说涨就涨，说跌就跌；再如收盘还是空仓，周六、周日突然就满仓了……为何股评家总是那么神？举个例子，像微博“大V”，完全可以多发几条动态，几条看多，几条看空，如果涨了就把看空的删掉，这是最低级的手法。稍微高级一点的，也不发模棱两可的观点，就是看多，如果对了就使劲地吹，错了就悄悄地删除动态，或者故作沉默装高手。最顶级的手法就是说一些“万金油”的话，如“这个位置大盘还是有很多板块有机会的，结构性牛市风格尽显，然而投资者也不可轻易重仓，毕竟年底资金面紧缺”。如果接下来大盘涨了，会说“看，我说大盘有很多机会吧”，如果跌了，会说“看，知道我为什么让你们不要重仓了吧”，渐渐地，连自己都忽悠进去了，感叹为什么自己的话术已经练到炉火纯青的地步。因此，股评家这个职业重要的不是技术，而是话术，或者说是情商。

我们只要思考一个简单的逻辑，如果股评家真的能靠炒股赚钱，为什么还有精力和兴趣在这吹牛？带这么多粉丝建仓、抄底，如果你是庄家会怎么操作？真的有交易经验，并且为别人着想的交易者是不会带别人炒的，因为他们深知，不同认知、知识水平、心态的投资者是无法交流的，即使把作业给你抄，你看不懂过程，照样会抄错，带别人炒股就是损人不利己的操作。

大部分股评家是"嘴盘",嘴上天天卖在最高买在最低,然而实际操作一塌糊涂甚至可能根本就不操作。那么,我们如何分辨这种人呢?很简单,看他的发言有没有逻辑。例如"我坚定看好大盘,大盘往上,证券一定是主力、先锋",实际上,看不看好大盘真的对大盘走势一点儿影响也没有,既然看好,说不出任何看多的理由,那么跟斗蛐蛐有什么区别?再者大盘往上,券商一定大涨的逻辑又是什么?我们知道成交量大幅放大利好券商赚取手续费,那么大盘上涨是否成交量一定大幅放大?所有人都知道了这个逻辑,是否会削弱逻辑的效力?只有逻辑,却不结合板块整体的走势,难道只需要逻辑对,不需要资金推动就能让股价上涨?因此,要在看别人的观点时多问问自己为什么。

╻╻ 炒股就是炒概率,做正确的交易,胜负交给市场

我们前面已经知道,股价的运行充满了不确定,有时即使你确定业绩很好,即使K线图走势很完美,股价也有可能朝着与你预期相反的方向运行,既然朝着相反的方向运行,就说明是你错了,然而我们要做的是做好正确的交易。何为正确的交易?只要一笔交易在我们的系统里发出了买入信号,我们就应该买入。只要一笔交易我们的系统告诉自己及时离场,我们就应该立即走人,绝不拖泥带水。交易执行的最终境界是要把系统变成条件反射的习惯,把交易中坚持原则做到形成条件反射式地执行,不再看账面输赢,完全做到该进场时进场、该砍仓时砍仓;坚持做到不犹豫、不拖拉、不幻想、不预测、不主观;坚持做到盘面怎么走我才怎么做,没有预测只有对策。

坚持做正确的事情，不要在乎一笔输赢。成功无须复制高手，也无须做一系列高难度的事情。只需在战胜自我后，坚持简单重复做对的事情，通过时间与复利形成财富的累积。

买在起涨点而不是最低点

很多人被低吸高抛的思想深深影响了，因而不论什么交易只买跌的，就是希望能抄到最低点。一个大趋势的持续时间往往有几个月到几年，试问这么多个交易日里，你能正好抄在最低点的概率有多大呢？抄在半山腰，结局就是，要么不停抄不停止损，最后本金消耗殆尽，要么深度套牢，从此市场所有的行情与你无关，最终能不能解套都是个谜。因此，一个好的买入点应该是买在起涨点。那么，哪里才是起涨点呢？如果看均线，均线多头排列，站上均线就是起涨点；看形态，平台突破、底部突破就是起涨点。

以姚记科技这段走势为例（见图10-1），如果想抄底，抄一次底亏损至少5%，几次下来，本金已经损失了不少。就算投资者真的运气好，抄到了最低点，然而等待你的还有2个月的横盘震荡，即使你心态再好，2个月在一只股里来回坐过山车，再看看别人的股天天涨停，也会心态炸裂，很难等到最后突破。而抄在起涨点的理念类似于右侧交易，可以看到，在图10-1中，放量上涨当天，以及次日跳空高开放量突破平台都是好的买点。有的投资者可能看到大涨就害怕，不敢追。但是你想想，之前买入的人都已经被套了这么久了，横盘震荡这么长时间终于突破放量，说明主力很有决心解放套牢盘并做多，你还有什么好怕的呢？再说，你买在突破当天，止损位置就设定为你的买入成本好了，如果跌破就止损。再不济，你还有仓位控制，真的不敢追涨，你只买两三层仓，就算真的止损了，亏损也几乎可以忽略不计。可以看到，突破后股价再也没有跌到过你的成本价，既然你的买和卖都是有依据的，又有什么好怕的呢？

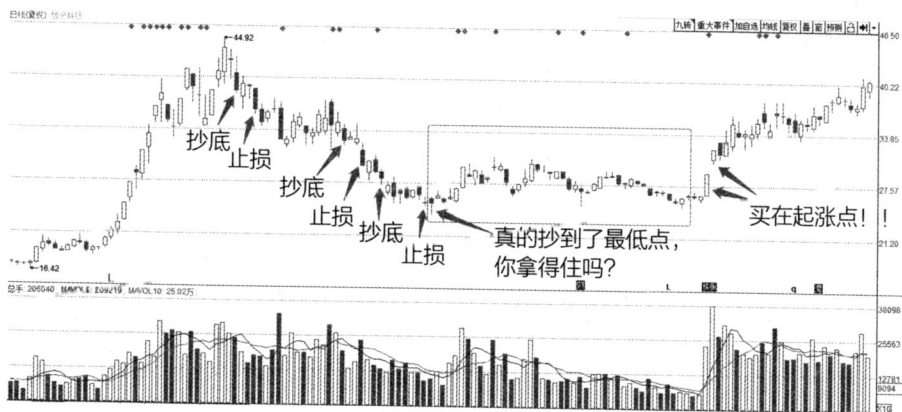

图10-1　姚记科技日K线图

警惕定式思维

几乎所有新手在进入市场后，学到了一些看似有理的术语便开始津津乐道，并奉为宗旨。"别人贪婪我恐惧，别人恐惧我贪婪""追涨杀跌不可取""横久必跌""尾盘拉升，非奸即盗"……笔者对于不知其所以然，滥用这种言论的人是很不以为然的。

"别人贪婪我恐惧，别人恐惧我贪婪"，所有人都恐惧，然而你敢抄底吗？"妖股"连续10个涨停后，别人贪婪吗？事实上，大多数人可能赚1个涨停就跑了，大多数人的成本很高，别人实际上恐惧得不行，那么你反而应该贪婪！巴菲特的这句话非常正确，然而问题的关键是，你能不能准确地判断大多数人的心理？

"追涨杀跌不可取"？一直涨的股票，任何时候追都是正确的，追涨杀跌不可取要错过多少机会？事实上，这句话语境里的涨指的是，为了出货诱多，分时急拉的涨，是下跌趋势中充满诱惑的大阳线，是压力位附近的大涨，这种涨千万不可追，然而关键位置的突破上涨是一定要追的。这句话想告诉我们：任何上涨都会有回调，好的布局机会不应该是看到大涨就去追，而应该等股价回调时再去追；任何下跌都会有反弹，没必要在急杀的时候恐慌斩仓，而要等反弹后再走。

"横久必跌"，横久了跌不跌，取决于筹码在谁手上，持股者是什么心态。如果大部分散户接了盘，盼着股价上涨突破，然而股价长时间横盘，那是一定要跌的；然而，如果散户被折磨得死去活来，筹码丢得差不多了，都到了主力手上，那么就会横久必涨而不是跌。因此，这句话里的"横"是指，明明有利好，明明该涨，然而横盘很久不上攻，筹码分散了，此时股价必然下跌……

因此，很多话不要浅尝辄止，要自己去思考，而不是人云亦云。"尾盘拉升"真的"非奸即盗"吗？假如大家都看好一只股票，都"上了车"，作为主力，难道不应该先让股价弱势震荡，把散户都"洗下车"，等尾盘再拉升吗？要是主力一大早就使劲拉高股价，岂不是让散户都舒舒服服地跑路了？

▪▪▪ 计划你的交易，交易你的计划

为什么要做计划？"凡事预则立"，没有计划就不知道如何应对突发情况，就会手忙脚乱。就拿约会来说，成功的约会一定是提前定好地方，提前踩点观察环境，规划好路线、饭后的活动，甚至安排好托，没有计划就会变成走一步看一步，尽管你自己可能觉得这样无拘无束率性而为，然而约会的结果好坏取决于对方的感受，结果对方也是选择困难，连一开始的吃什么都无法达成一致，就会陷入尴尬的境地。

做交易要有计划，如果你对一只股票没有预期，没有止损位的概念，就不要买入。因为买入后你根本不知道自己的股票走势会有什么变化，自己应该做些什么，怎么可能不慌呢？你的心态在很大程度上取决于你的仓位和计划，因此随随便便满仓不是好习惯，即使大白马也可能大跌五六个点，满仓怎么可能心态好呢？

心中有计划，知道如何买卖，心态就会稳定，注意力就会更多地集中在股价走势是否符合预期上；心中没有计划，连自己怎么赚钱的都不知道，这类投资者永远在赌，然而我们都知道十赌九输。要做好计划，严格执行，对错交给市场，对持有，错砍仓。交易者要学着面对错误和失败，学校和社会只教我们如何成功，如何成为冠军，没人会记得第二名是谁，然而做交易可不是，交易者几乎天天要面对失败，有时候即使赚了钱也是一种失败，如判断持仓股会下跌，结果股价却涨了，这时我们要思考判断是哪儿出了问题。只有不断失败才能学到东西，不断进步，从成功的、让你赚钱的交易中是学不到什么东西的，反而一次成功会让你误以为这是一套百战百胜的模式，下次可能让你吃大亏。

当你已经有了一定的实战经验后，对持仓股的股性有所了解后，就可以对其走势有一个合理的预期，例如股价高出均线太多后会回踩5日线，那么当股价在5日线上，第二天因为利好消息缩量急拉，那么短线就可以减仓，等待股价回落5日线后再加回。例如，在做短线的时候股价因为利空，第二天预期股价会低开，如果低开太多，正好落在中期趋势线上，那么就是短线加仓做T①的好机会，拉高到一定程度时应该高抛，而如果仅仅低开在5日线，显然恐慌情绪不够，因此这种位置不上不下很难受，除非大幅杀跌或者冲高，否则不需要急着补仓或者减仓。

---

① 做差价的意思，通过低买高卖，把成本价降下来。

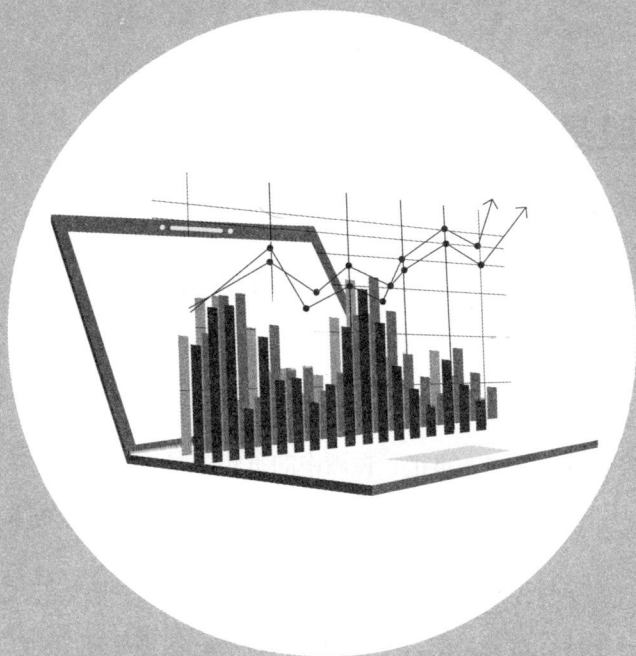

第十一章

手把手教你买到龙头股

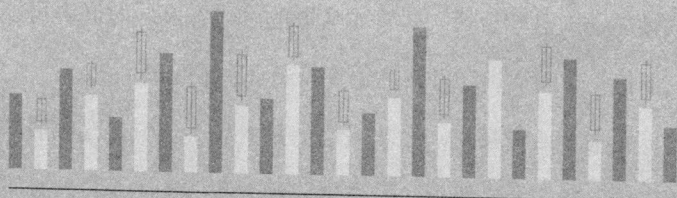

▌▌ 龙头股是什么

龙头股可以分为两类：一类是新闻媒体常用的，指基本面较好的行业领先者；另一类是投资者常说的炒作龙头，指一轮行情中涨得最疯的股。基本面龙头从综合竞争力来说是行业的领先者，例如证券行业的中信证券、银行业的工商银行、工程机械类的三一重工、白酒中的贵州茅台、中药里的云南白药、有色金属里的紫金矿业、化工行业的万华化学等。这种龙头股是资本市场和实业领域都认可的。而对于炒作龙头来说，基本面不是最重要的，涨得多才是硬实力，不管它处于什么行业，能有多少利润。比如，在银行股中，新上市的次新股最容易充当炒作龙头，因为它的筹码干净，便于游资炒作。

当然，涨幅大对龙头股来说只是必要条件而非充分条件，要想成为市场最耀眼的龙头，还要看其炒作的题材是否足够火爆，是否吸引了足够的市场人气，是否凭一己之力带动了市场的炒作情绪等。

具体而言，龙头股具有六大特点，分别如下。

第一，龙头股一定是领涨的。这里的领涨不仅是指涨幅领先，还指其涨势启动的时间领先于大盘和板块。尽管龙头股的涨幅在某段时间内可能会落后于个别股票，但拉长时间从启动点算，龙头股通常是涨幅最大的。

第二，龙头股的人气爆棚。龙头股必然是市场上人气最高的股票，是各大媒体争相报道的对象。龙头股会给投资者一种"我不买一手参与一下都不好意思说我炒过股"的感觉。

第三，龙头股会受到资金疯狂追捧。市场上所有的资金都会被龙头股吸引。各路诸侯咸聚于此，如短线、中线、长线的资金，散户、大户、游资、机构等。

第四，龙头股会颠覆所有人的认知，超越想象。龙头股的涨幅和走势会超越所有人的预期，其上涨套路往往无法无天，我行我素，甚至连操盘庄家也没想到能涨这么多，直至涨到让你不敢相信。

第五，龙头股都是特立独行的，蔑视一切利空。真正的龙头股是不畏利空的，利空反而是其上涨的加速器。东方通信在上涨的过程中不断澄清自己不是"5G"，星期六在"成妖"的路上不断发布减持消息，郑州煤电顶着"稳定煤炭价格"的利空涨到天际……这些都完美地诠释了"杀不死你的只会让你变得更强大"。

第六，龙头股必须具备好的群众基础，给所有人参与的机会。因为突发利好或内幕消息连续一字涨停板的股票可以说是"妖股"，也可以称作"连板龙头"，但算不上真正意义上的龙头股。龙头股都是很大方的，给所有人"上车"的机会，很少会一字涨停"吃独食"。

📊 高效率的复盘是怎样的

很多投资者进入股市多年也没有养成复盘的习惯，有的即使复盘也是蜻蜓点水，看看股评，看看新闻，仅此而已。其实，复盘非常重要，专业选手和非专业选手一个极其重要的区别就是是否复盘。真正的专业投资者，他的交易是在复盘过程中完成的，开盘后他只是执行计划而已。也就是说，复盘做好了，交易也就做好了。这就是我们常说的：交易你的计划，计划你的交易。笔者所知的常用的复盘方式如下。

1. 查看当天的龙虎榜

上海证券交易所和深圳证券交易所收盘后会披露当天市场上一些特殊股票的成交数据,即龙虎榜数据。从龙虎榜数据能够看到机构和游资的作战情况,看出市场资金的动向及偏好,看懂龙虎榜的能力是日积月累才能练出来的,不是一朝一夕之功。

2. 查看当天上市公司的公告

上市公司的公告有好几种类型,如业绩预告类、资产重组类、配股分红类、澄清类等。大家可以通过东方财富网、同花顺财经、浪潮资讯网、雪球网等网站查看这些公告。善用上市公司的公告非常重要,如果运用得当,可以打"信息差",能在股票涨停和发动之前买到。

3. 查看官媒动态

常见的官媒有证监会、发改委、《人民日报》、新华社、CCTV(中国中央电视台)等。官媒动态对市场的引导非常重要,通过看官媒,常常能够发现很重要的信息。比如新华社在2020年3月20日发布时评:"资本市场将在提高居民财产性收入中发挥更大作用。"之后的一年,上证指数从2700点一路上涨到3700点。

4. 关注外媒动态

外媒的重要性比较特殊,它能够提前透露一些秘密。因此,彭博社、华尔街、路透社等外媒还是要经常看的。

5. 行业网站

对于专注于投资某行业股票的投资者,比如有的人喜欢投资高科技,有的人喜欢新能源,有的人喜欢周期股,有的人喜欢医药股,因此要特别留意相关行业网站的动向。

6. 复盘市场本身

这个内容是最重要的，具体可分为以下几部分。

（1）复盘涨停板。查看所有涨停的股票，分析它们涨停的原因，查看公司的基本面。

（2）复盘跌停板。查看所有跌停的股票，分析它们跌停的原因，查看公司的基本面。

（3）复盘异动个股。没有涨停或者跌停，但属于以下情况的股票：当日股价振幅、换手率、成交量、成交额处于前后各二十的股票，对于以上股票都要分析其股价异动的原因。

（4）复盘消息。就是针对市场上的每一个重大的消息传闻，都要查清楚它的原因，看看消息是真还是假。特别要注意的是，如果消息是假的，不要觉得就万事大吉，有很多假消息比真消息对市场价格的影响还大，关键是要分析清楚消息有可能对市场产生什么影响。

（5）复盘持仓股。这个很好理解，就是认真分析下自己持仓股票的新的信息面变化。

7. 外盘复盘

A股市场受外盘走势的影响越来越大，必须高度重视外盘，特别是美国股市对我们的影响。A股中的很多概念是跟着美股炒作的，比如特斯拉概念、苹果概念、人造肉概念等。每天早上开盘前，要养成把外盘看一遍的习惯。

8. 商品价格走势

主要是指期货价格，具体包括石油、黄金、白银、铜、铁矿石、煤炭、大豆、白糖、美元、欧元、锂等。

9. 研究报告

如果有时间，尽量阅读一些好的研究报告，特别是中金公司、国泰君安、中信证券和招商证券的。每天坚持读几篇研究报告，对了解公司基本面非常有用。

10. 复盘自我

复盘你自己也是很重要的。复盘时，要关注自己的交易模式是否还适合当下的市场；要留意一些股票符合自己的买入点时自己是否买了；要审问自己是否严格执行了自己的交易计划，是否意外买了计划外的股票；是否内心经常患得患失，是否冲动鲁莽，是否心血来潮。

复盘自己非常重要，交易大师要一只眼睛盯着市场，另一只眼睛盯着自己。复盘时，肯定要重点审问自我。没有谁能随随便便成功，我们要想达到物我两忘的交易境界，必须经常复盘自己。

集合竞价的秘密

什么样的集合竞价是好的竞价呢？有两个观察指标，一个是竞价的价格，另一个是竞价的量能。

首先是看竞价的价格，需要指出的是，9：20之前都是可以撤单的，因此9：20之前的竞价都是不重要的，可以看作散户的买卖单形成的价格，而9：20之后的竞价价格才是真实的，代表资金愿意承接的价格。其次是看竞价量能，一般来说，9：20之后，如果竞价量能层层往上，并且在最后1分钟明显放大，则说明有大资金承接，量增价升，这是很好的竞价走势。

如果这两个指标均不错，可以再根据以下原则作进一步比较：流通市值小的、热门题材的、筹码好、形态好、股性好的股票优先考虑。

图11-1为诺德股份12月21日的集合竞价。一开始集合竞价的量很小，高开4个点左右，9：20之后，可以看到有小单子开始挂更低的价格卖出，然而随后竞价的买量迅速增大，红柱子不断上升并且推着股价往上，直到最后一分钟，买盘的热情也没有丝毫减少。在集合竞价没有什么大买单托着时，高开4个点，性价比并不高，然而在这种位置都有大资金愿意往上顶，说明明显有资金看好并准备做多，开盘后股价迅速涨停，随后炸板，但是成功回封。

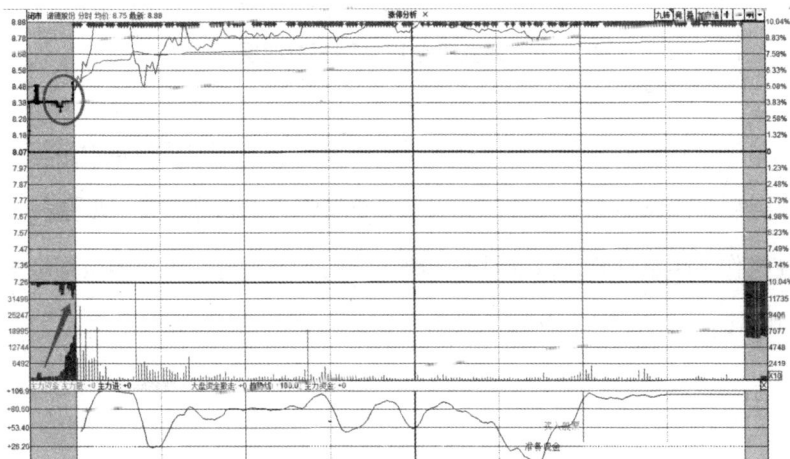

图11-1　诺德股份12月21日分时图

如图11-2所示，在朗姿股份12月21日的集合竞价中，散户资金上下博弈了一番之后，临近20分迅速将竞价砸到水下7个点，因此，极具性价比的竞价迅速吸引买盘增多，最后2分钟集合竞价量价齐升，尤其是最后1分钟，直接将股价抢到平盘附近开盘。这种竞价一开出来就说明资金想做多，具体操作只要看开盘后10分钟分时的支撑力度，如果有承接，则可以在分时回调时低吸介入。

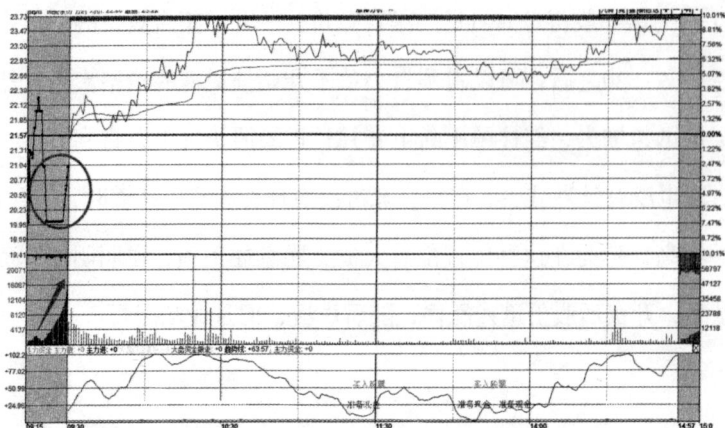

图11-2　朗姿股份12月21日分时图

　　总而言之，竞价经验很重要，建议投资者多观察，综合考量量价多少才是合适的。最后，思路体系要完整，要大概分析下大盘的情绪周期。要坚持一个原则：在操作上尽量分仓，保证对的大赚、错的小亏就好，不可能做到每次交易都绝对赚钱。

看盘究竟是在看什么

　　投资者在看盘时，主要的关注点有以下几个。

1. 主流股

　　主流股是指一段时间内的平均日成交额大于20亿元的股票，这些股票是大资金喜欢买卖的，它们能代表市场上机构投资者的态度。

2. 市场龙头股

　　市场龙头股，即先于市场拉升、短期内涨幅巨大、经常出现涨停、跌停板走势的股票，也可以称为"妖股"，它们的走势代表了市场短线资金对风险的态度。短线资金是市场上嗅觉最灵敏的资金之一，这些股票走得强，代表市场的短线资金觉得安全，因此指数不会出大问题。

3. 权重股

一般涨跌可以影响大盘指数的股票是权重股。这种股票通常在沪深300里面，如白酒中的贵州茅台、银行中的工商银行、证券中的中信证券，它们单独的市值都可以抵得上几个板块，这些股票如果大跌，指数就很难好看，我们不能不关注它们的走势。

4. 热门板块股

每次的行情都有一条或者几条主线，我们需要抓住这些主流行情里面的股票去观察。这些股票是当下资金的选择，我们关注这些热门股和关注龙头股一样，都是为了观察短期资金的态度，热门板块股要是都不行了，市场短期的行情肯定就结束了。

5. 行业龙头股

每个行业里的龙头股的表现是具有代表性的，它们上涨很可能预示这个行业的复苏或者崛起，把每个行业的龙头找出来观察，目的就是寻找行业的投资时机。行业龙头都没有涨，行业里面的其他股票就算上涨也是短暂的，是没有真正投资机会的。

6. 开盘的30分钟和收盘的30分钟

主力如果短期很想运作一只股票或者一个板块，那么开盘30分钟内肯定有异动，表现为成交量的异动或者是股价的异动；而收盘前的30分钟是主力控制收盘价的关键，收盘价的重要性很大，因为大部分技术分析其实是用收盘价来作为基准的，不管盘中走势怎么样，只要收盘价没有突破或跌破关键位置，就不算有效突破或跌破。主力如果想让技术好看，那么肯定要控制收盘价。

7. 市场和板块的涨跌家数比例

这个可以代表当天市场的整体情况。当一个板块里面大部分股票上涨时，这个板块是值得短期关注的，就像股市上大部分股票上涨，肯定代表股市当下行情还是可以的。

8. 市场和板块的涨跌停家数比例

涨跌停对于短线更加有指引效果，如果一个板块在一个月内经常涨停板，这肯定是主力板块，肯定是最好赚钱的板块。同理，市场总是有很多股票涨停板，肯定代表短线资金很大胆，赚钱效应很好，风险相对就低很多，涨跌停家数代表短线个股的爆发力。

9. 热点板块的转换

热点板块在涨了几个月以后很容易休息，很容易换热点，我们需要去观察这种转化情况。如果一个热点板块开始下跌，另一个热点板块崛起，那么跟随这些热点上涨的股票也可能切换。每一次热点板块的切换都是新行情的开始，大家如果有相关的股票，短期就可以考虑切换。

10. 盘中买卖单和主力动向

如果你经常看盘，可以发现一只股票短期总是有连续的大买/卖单出现，这是主力在运作的动向，尤其是当买/卖单中经常出现888、444、666等特殊数字时，肯定是有主力在运作。如果一只股票在上涨初期有这些异动，之后没有异动了，这可能是主力已经出货离开的迹象。

11. 看盘要改掉的坏习惯

（1）别太在意短期走势。短期走势不仅仅有主力和投资者的态度因素，还有情绪化的因素。很多时候你太过于猜忌就会导致你太敏感，你会把很多情绪化的走势当成主力的某些信号。要理性看待短线，要更加重视企业本身的业绩和经营情况，然后再来思考盘面的问题。

（2）指数和个股不是完全同步的。太多新手投资者过于在乎指数导致亏钱，指数其实对短线的影响更大，但长期肯定是企业自身的业绩和经营主导股价。短期想赚钱需要很多的实盘经验，需要观察很多方面，当然指数也很重要，普通投资者根本无法掌握短期走势，不如更加重视长期走势，重视企业本身。你要相信，好企业长期是肯定上涨的，不好的企业调期上涨了以后也是要下跌的，这个才是普通投资者最应该去把握的原则。

（3）不要被近期盘面的走势影响心态。很多投资者看盘是带情绪的，涨了想买，跌了想卖。看盘的关键不是去跟着盘面走，而是要看懂市场动向，股票的走势动向，你要做的是冷静分析，而不是跟着盘面跑。

如何精准狙击龙头股

通过前面章节的介绍，相信读者对于龙头股的特点、复盘、看盘、集合竞价都有了初步的认识，那么，这些看似相互割裂的内容该如何运用到"狙击龙头股"上呢？其实对于抓龙头股来说，投资者必须先知道哪些股算龙头股，接着在复盘、看盘的时候才有可能发现它。初级投资者往往在龙头已经诞生一段时间之后才能将其辨认出来，而高手却是在龙头诞生的瞬间或之前就能发现它。等我们发现龙头股之后，接下来就是运用集合竞价的技巧寻找"上车"的机会了。

具体而言，想做到精准狙击龙头股，需要关注以下几点。

1. 涨停板、跌停板是龙头股的重要基因

想要寻找到龙头股的候选人，最快的方法就是打开涨跌幅排行，把所有涨、跌停的股票都看一遍，也就是前面介绍的复盘方法。逐一浏览它们的涨、跌停原

因，是因为利好或利空消息，还是因为什么不为人知的预期差；分析公司的基本面，是绩优股还是绩差股，有没有暴雷风险；查看公司的十大流通股东情况，是机构重仓还是以自然人和私募为主，如果是后者则更方便资金炒作。

2. 龙头股具备足够吸引人的题材

在分析完公司的基本面之后，我们就要思考股价是否具备持续上涨的动力。例如，有的股票涨停仅仅是因为超跌反弹，那么"超跌反弹"作为一个题材概念，缺少足够的想象空间，就很难成为市场的主流，除非当市场行情已经经历过一轮炒作后，大多数股票已经处于高位，才会有资金去超跌的股票里"捡垃圾"。而有的题材，例如"医美"概念，就是一个新兴的、极具想象空间的题材。众所周知，婴儿的奶粉、男人的烟酒、女人的化妆品、老人的医药，这些都是最赚钱的生意。

3. 龙头股的走势凌厉、凶猛、干净利落

龙头股最常见的走势就是涨停或者跌停，因而其K线看上去"爱憎分明"，涨就是涨，跌就是跌，从不拖泥带水。龙头股的洗盘一般也很短暂，点到为止，如果个股出现巨大幅度的洗盘，说明它还没有做好充当龙头股的准备。龙头股是"给点阳光就灿烂"，抓住机会就暴涨，给人的感觉是恨不得寻找一切机会来展示自己。大多数投资者面对龙头股会望而却步，即使鼓起勇气骑上龙头，也往往承受不住震荡而早早"下车"。

4. 龙头股往往诞生于情绪冰点

冬天来了，春天还会远吗？龙头股往往诞生于行情最绝望的时候，在所有人都不看好市场时，龙头股振臂一呼，带领行情由绝望转向希望。如何判断市场情绪处于什么阶段呢？我们可以查看每天涨跌停个股的数量、前一天涨停的股票的表现、前一天连板的股票的表现，来判断市场的情绪。如果涨停股数量不断减少到30家左右，前一天涨停、连板的股票也都几乎全军覆没，这种情况就属于情绪的冰点，此时最先杀出重围的个股很可能是龙头股。

5. 龙头股的本质是资金抱团

股市里本没有龙头股，买的人多了，也就成了龙头股。就其本质而言，龙头股的诞生是资金抱团的结果。举例来说，在A股市场，每逢年末都会诞生一只所谓的"跨年妖股"，包括2018年年初的贵州燃气、2019年年初的东方通信、2020年年初的星期六、2021年年初的郑州煤电……这些龙头股的涨幅动辄三五倍。那么，这些龙头股诞生的原因是什么呢？一个是短线资金为了告别旧的一年，迎接新的一年，抱团打造出龙头股形成示范效应，激活市场的人气；另一个是年末市场的资金面一般都比较紧，大资金基本上都开始休息了，因此市场上的赚钱效应极差，想要赚钱就必须集众人之力，抱团取暖，打造龙头股。

▎▎▎ 半仓滚动操作持有龙头

对于龙头股来说，大多数投资者幻想着从鱼头满仓吃到鱼尾，这几乎是不可能的，因为龙头股的涨跌幅度都很大，一般人如果全程满仓状态，大概率是拿不到最后的。因此本节提供一种半仓滚动操作龙头股的思路，具体操作过程如下。

（1）根据前一节内容选出市场上的龙头股。假如投资者手中有够买10 000股的钱，先买入5000股。

（2）把已经买来的5000股作为底仓，除非大盘暴跌，否则，手上永远持有这5000股，因为没有了底仓，你肯定赚不了钱。接下来就是根据每天的盘口波动，做"T+0"。将手中的钱在当天的低位买入同一只股的3000股或5000股

（可视盘口而定）；在高位时，根据当天的买入数，抛出相应的股数。如当天在低位买的是1000股，高位就卖出1000股，这样手上永远是5000股。

（3）每天做好低吸高抛：开盘后就打开你手中持有的那只股，在刚开盘后的前1个小时把K线调成5分钟，然后根据5分钟K线图买卖股票，是买还是卖由盘口情况和5分钟K线趋势而定。

（4）如果手中股票一天内的涨跌幅较大，高位时可以全部卖出，但在当天的低位时一定要买回2000股，否则，底仓没有了，之后如果股价再上涨就与你无关了。

（5）大盘猛跌时，如果你害怕了，就抛光，休息一段时间。如果你够大胆，没有关系，就算大盘天天小跌，你仍然可按此方式操作，除了作为底仓的市值下跌之外，你每天仍然是可以赢利的。

（6）忌贪！如果你按这样的方式做股票，每天进账几百元就够了，因此，在现在印花税降下来后特别好操作，哪怕是除了交易成本后有2角一股的赚头，你也要去赚它。当然，龙头股每天正常的波动幅度都在8%以上，你肯定不止赚2角，除非大盘行情特别差。

（7）当龙头股被全市场认可、封神后，不要犹豫，全仓买入，不再每天做"T+0"的操作，因为龙头股在最后的疯狂阶段，股价会连续涨停的，卖了就买不回来了。

半仓滚动操作龙头股的逻辑在于，只有底仓一直在手，你才有可能每天盈利，至于底仓是涨了还是跌了，都不是清仓的理由。有底仓在手，你就能够每天靠着底仓做"T+0"，赚取龙头股股价大幅波动的差价，对于经常坐"过山车"的散户来说，每天都有利润进账才是硬道理。与此同时，你的底仓成本会越来越低，也更有助于你持有龙头股，直到吃完整个涨幅。